# イギリス式農家の整理術

## カントリーサイドの節約12ヶ月

井形慶子

# はじめに

ロンドンは通過点の一つ。本物のイギリスは地方の名もない村にある――イギリスを訪れるたびそう思ってきた私ですが、今回は美しいカントリーサイドの主役、農家の暮らしをおりまぜて、村の人々の整理と節約をご紹介します。

一見スローに見える田舎暮らしですが、畑仕事、人付き合い、地域のボランティアなど、住まいは人を迎え、共に過ごす場としてフル稼働です。また、人々は、収穫された野菜や果物、マーケットでまとめ買いした洗剤など消費材のストックを抱え、都市部の主婦のように細々したデコレーションや掃除もままなりません。そこで手間をかけず、適度に整理するだけで家族のみならず、訪れる人までが心地良いと感じる工夫が不可欠になるのです。

こうしたカントリーサイドに暮らす人々のシンプルな衣・食・住、つつましやかな暮らしの細部を知ることは、小さな家でモノや時間と格闘する私たちに、大きなヒントを与えてくれるでしょう。

井形慶子

# イギリス式農家の整理術

## カントリーサイドの節約12ヶ月

# *Contents*



※本文中の価格は1ポンド＝150円で換算しています。
※記載された電話番号、ホームページアドレスなどの情報は、2010年5月現在のものです。

## 農家のスタイル

# 節約ミセス整理術

カントリーサイド、コッツウォルズの農家を営むミセスピップさんは、
たくさんの物を上手に整理する収納の達人。
農業そして豚やニワトリの世話と多忙な上、
子育て中の彼女の家には、家族みんなで整理整頓できる、
独自の収納アイデアが溢れていました。

See what's in it!
Our home delights everyone who Visits

6

2

1

3

7

5

4

1 2 自家生産のチキンやベーコンで作るオーブン料理。3 4 砂糖、米、ナッツなどベーキングの材料は、残量が一目で分かる半透明のタッパーで縦に重ねます。5 卵を運ぶケースを再利用して作ったタッパーの収納棚。6 リサイクル品を仕分けるボックスは、壁にそなえつけて家族全員の目につく場所に。7 たくさんの種類のナッツを混ぜたアップルケーキ。

# どこに何があるかを家族全員が知っている家

## 子育て世代の収納アイデア

カントリーサイドに住まう倹約的イギリス人は、都会に暮らす人以上に物持ちです。コッツウォルズ地方、チェルトナムの郊外で農業を営むピップさん一家もその典型。買い物袋や古着、おもちゃなど、もったいないと捨てることができません。ところが、家は適度に片付き、ご主人のダニエルさんや8歳と6歳

ヴィクトリア調の古いオーブンは冷蔵庫を隠すためのデコレーション。オークションで安く買ったアンティークの扉をDIYで取り付けています。

**8 9 ピップさん手作りの自家製ローストチキンやトマトチャツネのディナーは、一度に作って食べ分けます。保存がきくため、繁忙期には助かります。10 夫、ダニエルさんの手仕事でリフォームしたキッチン下の収納スペース。トレーやボールが取り出しやすいよう、中は引き出し式になっていました。11 一家のダイニング。スペースを広くとっているのは、ダニエルさんがここで木工作業をするからとか。**

になる息子たちの家族全員が、家の中にあるすべての物の収納場所を知っています。母親のピップさんは、中身の見えるボックスやケースを上手に利用し、どこに何を入れるか細かく分類。たとえば階段の脇には、リサイクル品を仕分けるバッグが掛けられていました。それは、段ボールやペットボトルなどを家族全員で分別し、たまったら回収に出すためです。

　こんな一家の食卓には、養豚・養鶏農家らしく自分たちで生産したお肉や卵が並びます。キッチンガーデンで育てた食べ切れないベリーやリンゴでジャムやサイダーも作るそうです。料理好きのピップさんが使い分ける何十種類もの粉やスパイスは、日本でも100円ショップで手に入りそうな密閉容器に入れ、重ねて保存されていました。私達もすぐに真似できそうなアイデアです。

1 農作業用の服はベッド脇の木箱へ。2 靴は箱に入れて靴屋のように積んでいきます。どこに何があるかメーカー名で判別できる上、型崩れもしません。3 ワードローブは衣類を色別に並べれば着たい服がパッと探せて便利。4 夫婦の主寝室。5 写真は額に入れ壁に飾る。6 ネックレスは画鋲で留めればたくさん下げても絡まりません。

# 物を捨てず使い切る そのための整理整頓

## 実り溢れる節約生活

倹約家のピップさんはめったに物を捨てないため、増えていく物との上手な付き合い方を知っていました。服を買うたび、着なくなった衣類は友人と交換し、それ以外は作業着として木箱へしまうため、何年も袖を通していない服がクローゼットを占領するようなことはありません。子ど

78ピップさんの趣味はガーデニング。道に捨ててあったもので作ったキッチンガーデンもある庭で、季節の花、家族で食べる野菜や果物、ハーブを栽培しています。9朝食の卵を朝採りする養鶏場でヒナの世話をするダニエルさん。10子どもたちは広大な農地で動物や植物を育てることを学びます。

もたちの服もほとんど人からもらったもので、一家でワンシーズンにかける被服費を200ポンド(3万円)以下に抑えています。とはいえ、ピップさんは大の靴好き。コレクションしている靴の保管には、私たちが捨ててしまう靴箱も見事に利用していました。

ところで、17エーカーの農地は子どもたちの巨大な遊び場。友達と一緒に家の周りを探検するほうが、部屋でゲームをするよりも楽しいとか。両親のお手伝いで動物の世話や野菜の収穫もする子どもたちは、この家が大好きだと言います。

「沢山稼ぎはしないけれど、沢山使うこともしない」がピップさん夫婦の基本。何でもリサイクルし、食べ物も自給自足。そうして節約したお金で家族旅行に行き、思い出を増やすのです。このようにモノやお金との無理のない付き合い方が、思いもよらない整理のアイデアを生み、生活をより豊かにしていました。

子どもたちが恐い夢を見るたび子どもたちを抱きしめるピップさん。

1小学生にして家中の収納を把握するエリオット君。2奥の扉を開くと、中は洗濯物を乾燥させる棚。この下にあるセントラルヒーティングの熱を利用して、生乾きの洗濯物を乾かします。3おもちゃを楽しくディスプレイした子ども部屋。4子どもが片付けやすい引き出し式のカゴ収納や棚。567アイスクリームが入っていたカラフルな箱には子どものおもちゃや文具が。各箱に中身の頭文字のラベルを貼って、アルファベット別に収納。

## 手作りを楽しみながら快適な住まいを作る知恵

### 子育て世代の徹底整理術

たくさんの物を徹底的に整理することは、子どもたちの教育にもつながっていました。アイスクリーム容器を再利用したお道具箱で、増え続けるガラクタをアル

1 2 セールで安く買ったアンティークのファーストエイドボックスを手の届きやすい高さに設置。中には石鹸やバスソルト、子供たちがお風呂で遊ぶおもちゃなどが。3 シャンプーや石けんなど意外に物が多いバスルームは「置き場所」を作るのがコツ。

## トイレタンクまでヴィクトリア調
## 長年集めた古道具を
## 上手に組み合わせたバスルーム

ファベット順に整理。細かく仕分けることで、子どもでも持ち物管理ができるのです。ゲームやおもちゃを友達同士で交換し合えるのも、いるモノといらないモノが分かっているから。

一家の収納は、そのほとんどがダニエルさんのDIYできっちり仕上げられています。子供たちは父の傍らで工具の使い方を覚えている最中とか。バスルームもしかり。ネコ脚のバスタブに合わせて、マーケットで安く買ったアンティーク品や手作りの収納ボックスを取り付け、ヴィクトリアンスタイルに仕上げました。家づくりを楽しむ両親の姿は、子どもたちにとっても自慢なのです。

## 買い物袋をまとめる袋

## ティータオルで出来る

# キャリーバッグホルダーの作り方

捨てるに捨てられない、あれば何かと重宝するスーパーの袋は反面、キッチン整理の大敵です。そこでピップさんによる、使い古しのティータオルを使った買い物袋をご紹介します。ティッシュのように1枚ずつ下から取り出すホルダー式。作り方はいたって簡単なアイデア収納です。

### 1

### ゴムひもを通す輪を縫う

使い古したティータオルを1枚用意します。タオルの左右の端をそれぞれ1～2cm折り返してフチを縫い、ゴムひもを通す輪を作ります。縫い糸はタオルの柄に合った色を選びましょう。

### 2

### 縦半分に折ってチューブ型に縫う

タオルの柄のある面を内側にして、縦半分に畳みます。重ね合わせたところを縫い合わせ、チューブ型にします。

### 3

### タオルを裏返し、ゴムひもを通す

タオルを裏返して柄を外側にし、安全ピンやゴム通しを使って、両端の輪の中にゴムひもを通します。ゴムひもが通ったら巾着のように引っ張り、端と端を縫い付けます。

### 4

### リボンを縫い付ける

天井や壁に吊るすためのリボンを縫い付けたら完成。スーパーの買い物袋を中に詰め込み、上から吊るします。すると、下から1枚ずつ買い物袋を取り出すことができます。

**完成!!**

*Go to a Small Ideal Home*

# 狭い部屋を整理するコツ

低い天井、少ない部屋数と、イギリスのカントリーサイドは、
日本に負けず劣らず小さな家が多いもの。
整理のコツは、見せるものと隠すものを分け、
家具や空間を兼用する、とても簡単な工夫にありました。
中でも小さな家の代表、コテージは見どころいっぱいです。

# 小さな空間に収まる
# コンパクトな多目的家具で
# 整理しやすいリビングを

天井が低い田舎のコテージは、一見、物が多く雑然としているようですが、ホームリーで温かい雰囲気があります。

Rustic——ラフで自然な住まいは、シンプルモダンが主流の都市部とは対照的です。通常、村のコテージには、壁面クローゼットなど大きな収納はありません。狭い空間に住まう彼

人が集う場は、一台二役の家具が活躍

## リビング
## *Living Room*

1スタッキングテーブルの下に小物を入れた箱が！　小さなスペースにモノを集めた成功例。2暖炉のくぼみに小さな仕事机を入れて居間をすっきり使いきります。3暖炉を挟んだガラスキャビネットには、ほこりを避けたい大切な本が。4水やりなど手間のかからないドライフラワーはイギリスで人気が高いもの。5サイドテーブルに家族の写真をまとめて飾るのは、ヴィクトリア時代が始まり。6装飾的な古いワインケースは、とっておきのお酒を隠す場所。

らは、二つの用途を兼ね備えた家具を使います。たとえば、ディスプレイの入れ子式、スタッキングテーブル。普段は写真、小物を飾り、来客時にはバラして、グラスやスナックを置くサイドテーブルとして使います。テレビを中心にソファや椅子をバラバラに配置するイギリスでは、フレキシブルで小ぶりのテーブルが使い勝手が良いのです。小物が整理できる木箱は、蓋を閉めればもう一つの椅子に。限られた空間を最大限に活かし、整理できるのは、多目的家具(multipurpose furniture)のおかげによるところも大きいのです。

またコテージの床は、靴で汚れても掃除がしやすいように、石造りが基本です。そこに厚手のカーペットを敷き、ラグを重ねるのは、フローリングに改装するより安価で、見た目にも暖かいという工夫からでした。何よりカーペットは、古い家具を引き立たせるのです。

7蓋を閉めるとスツールにもなる。こんなワインケースに似合う奥の木製のオーディオラックは、スピーカーも収納できます。

洗濯物が掛けられるよう、ポールを渡した天井（右上）。すべての壁に食器や道具を並べるだけで、居心地良いキッチンに。

台所・居間を兼用するダイニング

# キッチン＆ダイニング

*Kitchen & Dining*

コテージのような小さな家では、キッチンで食事を摂るのが一般的です。ガスレンジやキャビネットに囲まれたキッチンでは、食卓と調理台を兼ねた重厚なテーブル、肉屋専用のブッチャーズ・ブロックも好まれます。肉や野菜を刻み、調理したものを皿に盛り付け、家族みんなで食べる万能テーブルがあれば、大きなシステムキッチンも不要。また、食器や鍋釜類の収納は、壁面棚に並べれば場所を取りません。人を招く場を兼ねるキッチンは、普段使いの道具をすべて見せることでその家の暮らしぶりが分かり、温かさが際立ちます。砂糖、小麦粉などは箱から透明の容器に移し替えると、おしゃれな上、減り具合が一目瞭然で分かります。

美味しいものの周りに人は集まるといいますが、部屋数の少ない家では思い切ってリビングにテーブルを置き、食事室に変更すると、人も招きやすくなるでしょう。

## キッチン道具は、使いやすく取り出しやすいよう、見せて並べて整理

1石壁に石膏をかけると、カントリー調のダイニングが完成。2クッカーの上部に鍋やパンを並べると、洗った後、すぐに乾いて便利。3マグネットを扉に付け、キッチンナイフを収納した例。子どもの手が届かないから安全。4ダイニングの窓辺は、大切なカップ＆ソーサーを並べて飾ります。5戸の上の棚にアイビーを絡ませた容器を並べると、美的コーナーが誕生。6狭いキッチンでは、大きい鍋やフライパンを吊るして、スペースを節約します。7古いコテージの小さな居間の片隅に6人掛けテーブルを置き食卓に。ダイニング代わりです。

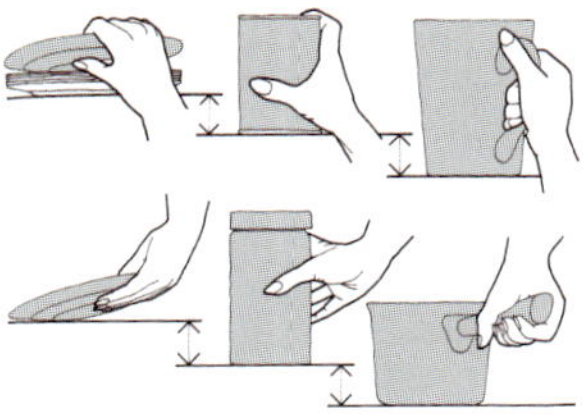

**食器の取りやすい高さ**

少し手を伸ばすか、下ろす場所が、ひんぱんに使う食器のベストポジション。収納棚を取り付ける目やすに。

脱いだ服や読んだ本の定位置を決める

# 寝室 *Bedroom*

たとえ狭くても、主寝室を美しく整える秘訣は、まずベッドの位置を決めること。スペースを有効に使うなら壁際に寄せるのがベスト。壁に鏡を取り付けたり、シーツやカバーリングを同系色で統一すると、圧迫感が薄れ、狭い部屋に開放感が生まれます。また、一面だけ大柄の壁紙に替えたり、タペストリーを掛けることで部屋が引き締まり、印象がガラリと変わります。

ベッド周りは本、めがね、時計、ティッシュなど、つい物が増えてしまいます。サイドテーブルを置くスペースがなければ、棚やラックを壁に取り付けましょう。たとえ棚板一枚でも簡単に手が届くことが大切。ケータイ、眼鏡など細かいモノ失くしも防げます。

また、家着、古着、シーツ類を無造作に収納できる木箱（オットマン）は、衣類で散らかりやすい寝室の助っ人。つい出しっ放

絵のような壁のタペストリー。壁面収納を隠す役割も兼備。

1冷えたシーツを暖める湯たんぽ(Hot Water Bottle)は、寒暖差の激しい英国で欠かせません。23ほとんどの服にアイロンを掛けるイギリス人は、たたみのプロ。Tシャツまで整然としまってありました。45ベッドの後ろに置いたフットキャビネットには、化粧品、薬などのストックが。

しになるパジャマもしまえます。また、引き出しにはアイロン掛けした「よそいき」を取り出しやすく素材別に収納するのも一案です。こうした家具の使い分けで、手間をかけず、寝室の整理が継続できます。

6かつて装飾品だったヘアブラシや手鏡は、今でも飾って見せます。
7戦前、重く大ぶりだった宝飾品は、「1920年」スタイルで、トルソーに掛けて選びやすく整理します。

水回りこそ植物、写真、鏡の出番

# バスルーム & トイレ

## Bathroom & Toilet

キャビネットやカゴで
溢れる小物を整理しつつ
あったか対策も工夫

「機能」より「スタイル」を大切にするイギリスでは、バスルーム&トイレも使い勝手より、いかに美しく見せるかが重要なテーマです。たとえばゲストソープ、タオル、マットの色を統一したり、ジャグジーより年代物のネコ脚バスタブに凝るのもそのあらわれです。

狭いバスルームに昔からのヒーターを残すことで暖房効果が。写真を飾り、窓にレースを掛けると、見た目も暖かに。

1カントリー調の棚にはガラスのメデスンボトルを並べ、清涼感を高めます。2予備のバスタオルなど普段使わないものは、高い位置に収納します。ドアの上に収納棚を取り付けるのも一案。小さな空間を圧迫しません。3暖房用ラジエイターの上に置いたキャビネット。4バスタブの横には、棚を置いて植物を。ポトス、ベンジャミンなどのエコプラントは消臭剤や芳香剤と違い、頻繁な買い替えが必要ありません。環境に優しく、節約型の消臭方法です。

湿気や低温で暗くジメジメしがちな村のコテージでは、バスルームの壁に大きな鏡を掛けて窓の光を反射させたり、高い位置に湿気を好むグリーンを置いて蒸散を促し、植物の空気清浄機能でカビ、ハウスダストを抑えます。また、床にはカーペットを敷き、ボイラーを設置するなどの工夫が、小さなバスルームを心地良く、暖かな空間にするのです。

サニタリーや化粧品などは、背の高い隙間家具や壁掛けのキャビネットに整理します。ヘアピンやブラシ、ボトルなどの日用品は、収納場所を細かく決めれば散らかりません。床にスペースがあれば、スツールにもなる蓋付きのカゴに洗濯物を入れて、見せたくないものは徹底して隠すのもコツです。

屋根裏の急勾配を利用した三角スペースに増築されたシンプルなバスルーム。

1 アイビーアーチ。イギリスでは高い塀より、ヘッジと呼ばれる生け垣が人気です。
2 ドライストーンウォールで育つ花が、カントリー風情をかもし出しています。

狭さを補う豊かな庭は
実りをもたらし、
みんなで集まるオープンスペース

典型的なアイビーのつたう塀で囲われたパティオガーデン。増築されたキッチンへ続きます。

## 裏庭はもう一つのリビング

# 庭
Garden

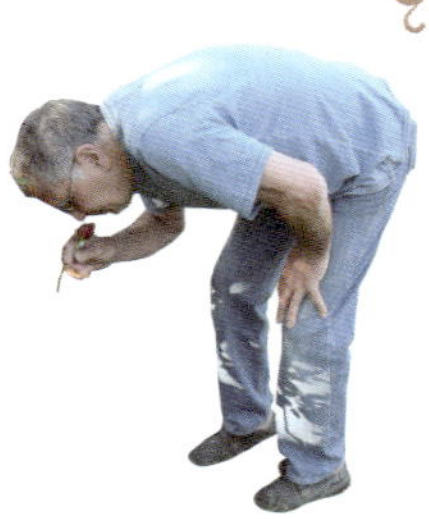

イギリスの住宅には前庭と裏庭の、二つの庭があります。玄関周辺に広がる通りに面した前庭は、パブリックスペース。ドアへと続くアプローチを花で飾り、行き交う人々の目を楽しませます。平屋や小さなコテージには広い前庭がないため、塀の下などに土を盛り、色とりどりの花を寄せ植えします。

一方、裏庭はUsable Garden（使うための庭）といわれる、家族の

3エントランスウェイ。玄関にツタバラを這わせ、歓待のムードを出します。
4牧草地に面したポーチ。庭がなくても川、丘の借景を堪能できます。5こわれた鉢に残った土には、サボテンを植えていました。
67東京のマンション1階の雑草庭は、敷石とツリーベンチ、ミニ菜園で使える庭に。

プライベート空間。テーブルを置き、食事を運んで皆で団らんのひとときを過ごします。住居スペースに続く裏庭には、アウトドアリビングとして、素足で歩いても汚れないように石を敷き、カーペットのように芝生を敷き詰めるなどして、狭いキッチンやダイニングを補うのです。

そして、裏庭のもう一つの役割は、シンプルな暮らしを支える、ごちそう作りの場所であること。わずかなスペースにキッチンガーデンを作り、野菜やハーブ、果実を栽培します。ただガーデニングを楽しむだけではなく、実りをもたらします。

このような庭の使い方を元に、東京で友人の庭づくりを手伝いました。夏期には枯れ草でジャングルと化す約10畳ほどの庭をブリックで覆い、その一角にパセリやロケットなどを植えると、約半年で都会にいながら採れたて野菜が楽しめ、そこだけが英国の田舎のようです。

8都市型の手入れされたカントリーガーデン。芝生は美しく刈られ、美しい花で整然としたレイアウトです。建物のそばはブリック仕上げでベンチなどを置きやすくします。

# 整理に困るモノたちを
# 上手に収納する工夫

**散らかりやすい場所を整理するのはオーガニゼーション――秩序だてることです。見せるもの、見せないものを区別し、「どこに何があるか分かりやすく」が整理上手への近道です。**

## 大きな道具
*Large Tools*

古いコテージの階段下、変形デッドスペースを活かした収納には、縦長のアイロン台が。ドアに打ち付けた蝶番（ちょうつがい）が、カントリースタイルを引き立てています。コテージの住人は本当に必要なものだけを残していくのです。

## 雑貨
*Sundry Goods*

冬場暖かく過ごすため、この家の窓はふさがれました。その裏側には、アルコーブと呼ばれるくぼみが誕生。ここに棚板を渡し、写真、ランプなど雑多な小物を並べることで、リビングが整理できました。

## 思い出の品々
*Memorial Goods*

廊下から屋根裏部屋に続くアクセスドア。天井下の広い収納庫には、古い絵画、レコード、古着など、今使わないけれど捨てたくないものが整理されていました。閉めると壁と一体となる目立たない色調です。

## 洗濯物
### The Laundry

狭いバスルームに置かれた蓋付きリネンバスケットは汚れた服専用。イギリスの人々は、コスメ、シャンプー、サニタリーなど細かいアイテムをすべて箱や棚に収納して、見せたいもの、見せたくないものを区別します。

## 本
### Books

ウィングチェアの後ろに木製本棚を置くだけで、読書コーナーが出来ました。何度も読み返す本をここに集めておくと、本を探す手間もはぶけ、細切れな読書の時間が生まれます。

## コート＆長靴
### Outdoor Coats & Boots

家族専用の裏口に続く農家のユーティリティールームの壁面には、DIYでコート掛けが作られていました。上部には帽子や手袋の入った大きなストローバスケットが並び、下段にはアウトドアコートやウォーキングシューズが。外歩きで濡れた靴やコートも気兼ねなく置けるよう、床はビニールクロス貼りに。

## CD&DVD
### Entertainments

リビングに置かれた木製アンティークスタイルのCDキャビネット。増え続けるCDを放置すると、部屋が散らかる上、古い家具とミスマッチです。イギリスではTV、オーディオなどハイテクを隠す家具は依然人気です。

12 壁面棚にお気に入りの食器を美しくディスプレイ。3 キッチンキャビネットには、黄色の補色、紫を塗って。4 カップボードには結婚式でもらった引き出物を飾っています。両親がイタリア人のフローさん。イタリアの風習で結婚式には引き出物をたくさんもらうのだとか。

ペイントカラーで家中スッキリ

# 色で楽しく整理する

Colour

物が溢れる小さな部屋を整理するのに、カラーコーディネートはとても重要です。チェルトナムの小さなタウンハウスに暮らすフローさんは、部屋ごとに壁の色を分けていました。内装をすべて自分でデザインしているという彼女は、各部屋それぞれの色を決め、4日間ですべての部屋を自分でペイントしたそうです。一部屋に使ったペンキは3缶で約45ポンド(6750円)。リフォーム代が節約できる上、部屋がスッキリとまとまる、ペンキ大国イギリスならではのアイデアです。

1小さなクッションやコットンのバッグを吊るしたコーナー。2タオルは丸めて収納すると取り出しやすく、見た目も美しくなります。3バスルームの緑の壁は、照明の当たり具合で濃淡のグラデーションが浮かびます。4主寝室。5殺風景になりがちなベッドルームは、壁に作り付けた棚に絵や本を並べて安らぎコーナーを。6カラフルで楽しい色遣いをした、学生のホームステイ用ルーム。

イタリア人を両親に持つフローさんは、色彩感覚がとてもポップ。彼女はイタリアで暮らした経験があるためか、明るい原色を好んで取り入れていました。キッチンを黄色にペイントしたのは、明るくて暖かい色合いが良いと思ったため。大工さんであるご主人のヴィンスさんが作ったカップボードに、コーヒーカップやソーサー、ポット、キャンドルホルダーなどをセンス良く並べていました。

夫婦のベッドルームはライトグリーンで統一。緑色は見ているだけでリラックスでき、影ができるととても綺麗に映るため、この色を選んだそうです。また、寝室と隣り合うバスルームも、爽やかなグリーンで森のイメージに。ところでこの家のほとんどの家具、デザインはフローさんが考え、製作はヴィンスさんとの、夫婦合作。さらにそこに彼女の色彩が加わり、個性的な住まいが完成しています。

12廊下や階段は鏡を効果的に取り付け、小さな空間を広く見せています。3壁面のフォトコーナーは、ほんの5分でレイアウトを決めたそう。本人曰く「キレイだと感じるままに並べた」。4スペアの電球などを収納したバスケット。隣の棚には家族のアルバムが入っています。

# 色で楽しく整理する

「外から帰ってきたとき、部屋が明るい雰囲気だと嬉しいから」と、玄関周りには赤をチョイス。確かにドアを開けると陽の光が差し込んで、パッと明るく反射します。階段周りの背の高いところも、梯子を使ってフローさんがローラーでペイントしたそうです。

子ども部屋は鮮やかなブルー。青一色よりも楽しく可愛らしくなるように、カラフルなおもちゃやぬいぐるみを沢山飾っていました。

白やモノトーンなど無難な色を選びがちな私たちは、もっとも手軽な色の力を見すごしていたのかもしれません。全体とはいわないまでも、部屋の壁、一面だけを好きな色に塗るだけで、新鮮な空間が生まれ、壁面収納の楽しさもアップするのですね。

中央の3色のトイボックスはセットで購入。横向きに吊るし、ぬいぐるみを中から覗かせた楽しいアイデア。

*Work at Home*

# 小さな家・仕事場の見つけ方

現在、日本でも在宅ワーカーが急増していますが、
イギリスでは「Work at Home」が魅力的なスローガンとなって、
人々は自宅の限られたスペースに仕事場を見い出していました。

自宅でカフェを営むアーティストの女性は、ステンレスの広い調理台で油絵を描きます。万が一絵具で汚しても拭き取れる上、料理中も作品を眺められる、理想の仕事場です。

# リビングがワークスペース
# 心地良い窓辺で人形作り

## 小さな家でも
## 大好きな手仕事を続ける工夫

### 馴染んだソファとトレイがあれば

　コッツウォルズ地方でも人気の村、サイレンセスター郊外に暮らすシルビアさん。夫と二人で暮らす１ＬＤＫのバンガローでは、リビングの窓辺、陽当たりの良い一角が、彼女の仕事場となっていました。

　長年、農場で掃除婦として働いてきたシルビアさんは、退職後も、人形やニット小物を製作しては、クラフトマーケットで販売しています。手の中にすっぽり収まるほどの小さい人形は、極細の針で、長くて2日がかりで編み上げるとあって、髪やドレスのフリルまで目を見張る緻密さ。

　かつてイギリスの学校教育で、女子は手芸の時間に作った作品を親に売って、材料費を学校に納

1 仕事をリタイアした後、夫婦で以前住んでいたシップトン・オリスからサイレンセスターへ引っ越してきたそう。ご主人のトニーさんはかつて自然石の石壁造りの職人（ドライストーンウォーラー）でした。2 ベッドやソファで、膝の上にのせて使うクッション付きのトレイは、大変軽く、持ち運びにも便利です。クッショントレイ 8,400円（税込）「オックスフォードタイム」http://www.oxford-time.co.jp 3 人形は一体18～21ポンド（2,700～3,150円）で販売。ほとんどが人形本体の仕入れ値で消えてしまうそうです。4 小さな人形作りには長さ約15cmの編み針と、太さ1mm以下の細い糸を使います。5 シルビアさんは一日平均1体、1ヶ月に20～24体のお人形を作っているそう。

めていたとか。7歳で初めてシルビアさんが編んだ作品は、オレンジ色のベレー帽でした。家に持ち帰ると「こんな派手な色はかぶれない」とお母さんは買ってくれなかったそう。それでも彼女は、マフラー、ぬいぐるみと様々なものを作り続けます。結婚後はリビングの自分専用ソファに座って、膝に専用トレイを置き、針編み人形を作り続けてきました。

　イギリスの女性は、夜にテレビを見ながら手仕事をするとリラックスするとか。退職した夫と共に小さな家に暮らしても、幸せな仕事場は作り出せると教えられたのでした。

Sylvia Baxter
**シルビア・バクスターさん宅**

地域：コッツウォルズ　サイレンセスター郊外
建物構造：バンガロー（平屋）
築年代：1940年代
間取り：1LDK
家族構成：ご主人のトニーさんと二人暮らし

住まいを使い切る

# 各部屋に仕事場を作るコツ

## 寝室の仕事コーナー

寝室のベッドの横に作られたワークデスク。インテリアに馴染むよう、オフィス仕様の椅子をやめて、バスケットチェアを置いています。木製のコンピュータデスクは、「ホーム・オフィス・ファニチャー」の中でも人気の高い商品。パソコンが仕事の主力になった今、多くの本や資料は必要なくなりました。

## 典型的なカントリーコテージの仕事コーナー

アンティークデスクにダイニングチェアを組み合わせ、小さな家全体のインテリアを壊さないようにしています。英国トップエグゼクティブの机回りには、しばしば大切なアート作品が飾られています。仕事をしつつリラックス出来るアイデアです。

## キッチンの奥の小さな仕事部屋

古いコテージに見られる洗い場(Scullery)に机を置いた約4畳ほどの仕事部屋です。キッチン同様、裏庭に面して、オフィスにはない明るい窓と景色が得られるため、女性にとってはパーフェクトな場所。多忙な女性にとってキッチンの近くに仕事場を作るのは理想的です。

## 柱や壁に出来た隙間を使う

英国の古い住宅同様、30年以上経過した日本の中古マンションにも、構造躯体の関係で使いづらいでこぼこが。このようなへこみ部分に板やガラスをわたすと、パソコンの打てる机が完成。高さが調整出来るようビス留めを。

## リビングの片隅で

一日の大半をリビングの一角で過ごす女性の部屋は、典型的な「イングリッシュ・スタディ」と呼ばれる作り。階段下のデッドスペースに作られた壁面本棚とバスケット、書類や文具をしまう小さな引き出しで、机の上はスッキリ。これは夫や子どもに大切な書類を動かされないための工夫でもあります。

## 老朽マンションで完成！

# 200万円で整理しやすい住まいを作る

少しずつ住まいに手を加え、家を成熟させるカントリーサイドの人々。
私もついに、築35年、45㎡の老朽物件を購入し、
限られた予算で、ロンドンフラット風に大リフォーム。
アイデアを振り絞り、住み心地を追求した結果、
整理しやすい理想の住まいが出来上がりました。

## Before

1 メゾネットの上下階をつなぐ、手すりのない急勾配の階段。2 階段を上がるとすぐにあった、使い勝手の悪そうな食器棚。古い住宅の良さはこういったデッドスペースを改装に利用できるところ。3 浴室へ行くにはトイレの中を通るという不便なレイアウト。水回りは一気に直すことに。給排水管を全て取り換える大掛かりな工事となりましたが、これも予算内で完結。4 玄関のドアとほとんど対面の位置にあった狭いキッチン。

# 総額７００万円で手に入れた英国流の快適な住まい

## わずかな空間も収納に利用

吉祥寺で見つけた築35年、昭和のメゾネット式マンション。内装は朽ち果て、ひどく荒れたその部屋に、私は強く惹かれました。南北の窓を開けると風が通り抜け、南側には抜けるような眺望。それは20代の頃、ロンドンで見たジョージアン・テラスハウスのような趣きでした。

この老朽物件を５００万円という格安価格で購入した私は、わずか２００万円の予算で再生工事に取り組みました。45㎡の限られた空間でどう物を整理するか苦心した結果、壁面棚を取り付けて収納スペースを広く確保し、階段下にスーツケース収納庫を作るなど、デッドスペースを有効利用。結果、整理しやすく英国の農家のように小さな収納がいっぱいの、理想の住まいが完成しました。

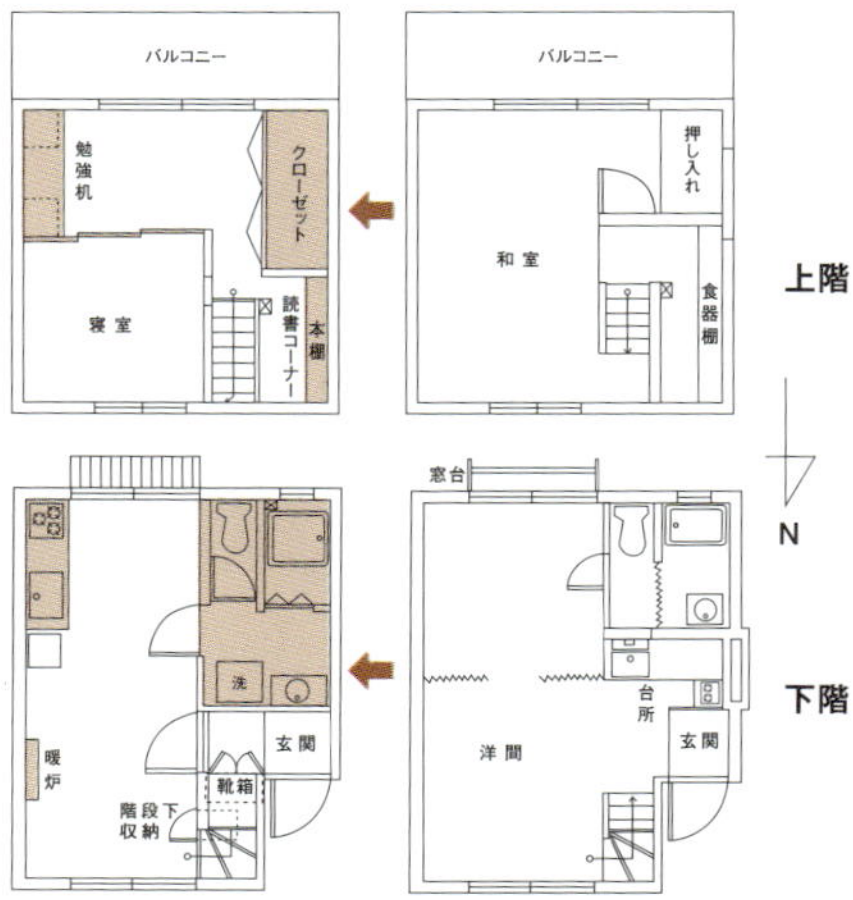


After　Before

## 物件情報

間取り上の大きな変更点は、下階部分はキッチンの移動および洗濯機置き場の設置。また暖炉のイミテーションを壁面に設けること。上階部分は引き戸を取り付け、寝室を確保。広々としたクローゼットも備え付けました。

Property information

間取り：メゾネット式3K
延床面積：45㎡
築年数：35年
最寄り駅：JR吉祥寺駅
購入価格：500万円

After

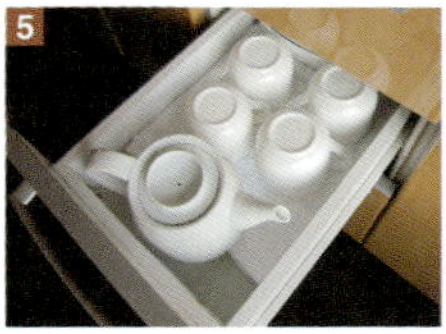

1脱衣所の壁にはカラーボックスを取り付け、化粧品を収納。2トイレの二段棚。サニタリーなど見せたくないものはカゴへ収納します。3リビングの飾り棚を兼ねて、イミテーションの暖炉を取り付けました。4カーテンボックスの上は小物置き場。5システムキッチンの引き出しは、意外に高さ、深さがあり、ティーポットも入るため、日常使いの食器収納に最適です。6以前の食器棚を壁面本棚に。防音性と断熱性がアップ、たためば服も収納できます。

## 少ないお金で賢く家づくり

### 老朽マンションの奇跡

井形慶子 著
新潮社　1,575円（税込）

老朽マンションを格安で購入した私が、わずかな予算で夢のリフォームに挑戦した体験をまとめました。廃屋がロンドンフラットへと劇的に生まれ変わっていく住宅ドキュメンタリーです。家を諦めていた方々と夢を分かち合いたいですね。

## イギリスで老朽物件が人気の理由

イギリスでは、中古物件をバーゲン価格で購入し、リフォームやDIYで再生するやり方が根付いています。写真は売り出されてすぐに買い手がついたコッツウォルズ地方の倉庫兼住居。自分の手で家を甦らせる喜びを知っているイギリス人は、このように荒廃した安い物件に夢を抱くのです。

# 老朽マンションでも理想の住まいは作れます

(株)常陽サービス 代表取締役 宇野滋之さん

株式会社常陽サービス
☎042-352-7772
FAX042-334-8886
㊟東京都府中市美好町1-38-1
http://www.jyoyo-s.co.jp/

## イメージを必ず実現させる老朽物件リフォームのプロ

### 狭くても古くても家は変わる

築35年の老朽物件を初めて見たときから、私の頭の中には完成イメージがありました。作り付けの暖炉や階段下収納、バスルームのタイルに至るまで、リフォームを担当したのが「(株)常陽サービス」の宇野社長。クローゼットや壁面本棚、洗面台の収納スペースは、使い勝手を考えて形にしてくれました。マンションの再生工事は戸建てと違い、技術的に高度なものが要求されます。

今回、一番苦労したのはコンクリートとの格闘。キッチンの移動、洗濯機置き場や脱衣所の設置、水回りの大幅な変更が必要でした。打ち合わせに自ら出向く宇野社長は、老朽マンションの達人。農家で学んだ収納に替わるデッドスペース探しも得意。「狭く古いマンションでも、大金をかけず変わる」と語ります。

施工例。依頼者の話を聞く中で、ほとんどの人が予算を考慮した宇野社長の見積りに感激するとか。

**階段下収納ができるまで**

❶階段下の壁に図面を引く。

❷図面に沿って壁にスペースを空ける。

❸階段に沿うように内壁をつくる。

完成

扉を取り付け、デッドスペースに階段下収納が完成。

三日に一度は現地へ行き、宇野社長と断熱材、床材まで確認しました。

コンパクトな標準キッチンにブリックを貼ると、
使い込むほど味が出ます。

*Painted Tiles*

# 手描きタイルの愉しみ

日本ではタイルはインテリアの中でも脇役。
ところが、イギリスの村々では、
今も壁面を飾る小さな絵画のような
手描きタイルが作り続けられていました。

1 キッチンに施工された、「English Farmyard Fowl（鶏の一種）」が描かれたタイル。オーダーメイドで561.96ポンド（84,294円）。2 昔のタイル工場の写真。

手描きタイルは、安いもので1枚9.50ポンド（1,425円）から。

## 職人手作りのタイルで、「見せたい」キッチン、バスルームに

### 水回りを美しく彩る 英国のタイルに魅せられて

#### タイルを一枚加えるだけで

イギリスのキッチンやバスルームでしばしば見られる装飾的ハンドメイドのタイル。中近東に起源を持ち、ヨーロッパを経て中世のイギリスにたどり着いたタイルですが、イギリスには今も手作りで仕上げるタイル工房がたくさんありました。

わが家もバスルームのリフォームを機に、ハイランドの風景を描いたタイルを注文。工房に電話をすると、職人が1点ずつ手描きし、それを窯で焼いて送ってくれるとか。待ちわびること2週間、海を越えて届いた数千円のタイルには懐かしいウエスタンアイルズの島々が描かれていました。それを既存のタイルと組み合わせて、ギャラリーのようなバスルームを作る予定です。

## 白いタイルに描く草木の息吹き、村景色、それは正方形の夢世界

**1** 絵の具のような「Ceramic Glaze Colours（うわぐすり）」でタイルをキャンバスに見立てて柄を描くオデッテさん。
**2** 工房は、モートン・イン・マーシュの隣り駅。看板が目印。
**3** エクステリアなどの飾りにも使える、「Terracotta Plaque（テラコッタ・プラーク）」は、13.23ポンド（1,984円）。裏に留め付けるくぼみがあり、アイビーと組み合わせると見事な存在感。

# コッツウォルズで見つけた手作りタイルの魅力

## タイル職人夫婦の工房を訪ねて

すっかり「手作りタイル」の虜になってしまった私は、コッツウォルズにある工房、「タイルズ・オブ・ストウ」の白タイルの評判を聞き、胸を躍らせました。ストウ・オン・ザ・ウォルドのはずれにある工房の主は、セバスチャン・ジョンさんと奥さんのオデッテ・ウェルズさん。二人はかつて、それぞれ彫刻家と画家を目指していた、アーティスト夫婦。オーダーメイドのタイルは、アメリカなどの海外でも大人気。工房には村の風景が描かれた手描きタイルから、「Biscuit Firing（素焼き）」を経て、白地にバラが刻印された「インプレッションズ」シリーズまで、数え切れないほどの種類がありました。

4 5 土をプレス機に入れ、型取りするセバスチャンさん。素焼きをしてテラコッタタイルが完成。6 乳濁色「インプレッションズ」の施工例。7 セバスチャンさん（写真右）とオデッテさん夫婦。

花や動物など、カントリー調のデザインが人気。

まるで絞りたてのミルクのような白タイルは、ストーク・オン・トレントから取り寄せた土を、手彫りの型で成型し、約９００度で焼き上げ、それに釉薬を塗って、さらに１４００度の高温で本焼きした力作。まさにアンティークのような重厚感です。

面倒な施工抜きで柄違いを棚に並べたり、門柱に素焼きタイルを一つ加えるだけで、家や外構の雰囲気がガラリと変わり、誰でもタイルマジックを楽しめます。

## Tiles of Stow
### タイルズ・オブ・ストウ

☎+44(0)1608 658 993
㊟Station Road, Kingham, Oxfordshire OX7 6UP
㊐月～金曜 9:00～17:00 土曜 9:30～12:30
㊛ロンドン・パディントン駅からキンガム駅まで電車で約1時間30分。そこから徒歩約5分。
http://www.tilesofstow.co.uk/

「タイルズ・オブ・ストウ」の手作りタイルは現在、日本未入荷。
2010年10月6日（水）～13日（水）阪神阪急百貨店梅田本店の英国フェアで限定販売予定。

# 家具を引き立てるクロスがあれば

イギリスの農家を訪れると目にするのが、
テーブルやキャビネットに掛けられた美しいクロス。
ノリのきいたクロスが一枚あるだけで清潔感が増し、
傷を防いだり、あるいは隠したりと、
家具と丁寧に付き合えます。

## 欧州では1300年前から生活の必需品だったクロス

### テーブルクロスの伝統

ヨーロッパでテーブルクロスが使われるようになったのは、8世紀頃からだといわれています。テーブルといっても、台に板を置いただけの簡素なつくり。当時の人々はそこに布を敷き、食事をしていたようです。その頃は、料理をフォークやナイフではなく、手で直接食べていたという記録があり、汚れた手をクロスで拭うのが習慣だったようです。13世紀頃になると、高級なテーブルクロスが貴族の間で広まり、貴重品として扱われるようになりました。伝統的な色は白。現在でも、イギリスを始めヨーロッパの正式なディナーには、決まって白いクロスが使われています。

テーブルクロスの掛け方には、様々なバリエーションがあります。もっともスタンダードな方法は、2枚のクロスの角を互い違いに合わせる方法。四角いテーブルに大きなクロスを敷き、その上に丸いクロスを掛ける方法もしばしば見かけます。
他には大きなクロスの上に、小さなクロスを2枚重ねたり、縦長のクロスを2枚並べるなど、3枚使いもあります。
クロスの素材で主に使われるのが白麻。白いまま長持ちさせるため、洗濯は少量の洗剤とともに煮洗いをします。お湯を沸騰させた鍋で3～5分間煮沸し、シワを伸ばして干します。最後は半乾きの内にアイロンを掛けて仕上げると白さが増すのです。

1 2 店内に無造作に並ぶテーブルクロスやシーツ類は、どれもロンドンよりはるかに安い値段で売られています。3 創業40年以上のお店はオーナーのウェズリー・スペンスリーさんが一人で経営しています。4 セトルの町並み。

## いろんな種類を安く買って タンス、テーブルに使い回す

### 1ポンドから買える村のクロス店

イギリスでは、小さな村でも、クロス店を見つけることができます。訪れた土地でクロスを探すのも、村を訪れる楽しみの一つ。ヨークシャーのセトルという小さな村にある「WBスペンスリー」は、テーブルクロスやシーツ、テーブルセンターなどが、店内に所狭しと並びます。その数、なんと1000種類。値段も1ポンド(150円)からと嬉しくなってしまいます。上質で高価なアイリッシュリネンもありますが、ポルトガルやトルコ製のほうが安く、人気です。私が訪れたのはクリスマスシーズン。サンタクロースやツリーをあしらった楽しいデザインが豊富で、いくつか購入しました。毎年、我が家のクリスマス・デコレーションに重宝しています。

**W B Spensley**
**W B スペンスリー**

✆+44(0)1729 823 457
㊟1-3 High Street, Settle BD24 9EX
㊪9:30～17:00
㊡日曜
㊫ロンドン・キングスクロス駅からセトル駅まで電車で約4時間。そこから徒歩約5分。

安くて、お手入れ簡単な布を上手に使いましょう

# 英国カーテン生地でクラシカルな模様替え

**イギリスの家庭を訪ねると、カーテンやテーブルクロス、ソファカバーなど、ファブリック使いの美しさ、多彩さに目を奪われます。賢くリーズナブルに模様替えをするなら、カーテンを作りましょう。英国カーテン生地は、厚手のベルベットから綿素材まで種類が豊富。アレンジがきく上、好みの生地で大き目のクロスを作るだけでも、部屋の印象がガラリと変わります。**

## イギリス人女性と手芸

イギリスでの手芸や裁縫の技術は「生活を豊かにしたい」と考える主婦たちによって発達してきました。都市ばかりかカントリーサイドの女性たちも、生地をマーケットで安く買い、カーテンなどは手作りするのが当たり前でした。既製のカーテンはとても高価。安く好みのものを手に入れるには、自分で作るしかないのです。生地は遮光効果の高い厚めの素材が好まれました。イギリス人は、リビングのレイアウトをソファーから決めます。次にカーテン、そしてカーペットを選びます。そのコンビネーションから部屋の色調を選んでいく。そうやって美しく部屋を飾るのです。イギリス人女性にとってカーテン作りは、部屋作りの肝だったのです。

# 1メートル300円から買える ロンドンの激安生地に夢中です！

ロンドン北部、ノースフィンチェリーにある「ザ・カーテン・ファクトリー・アウトレット」。ここは、通常30ポンド（4500円）／mするカーテン生地が、わずか2ポンド（300円）／mから買える、大変リーズナブルなお店です。色とりどり、膨大な種類のカーテン生地が揃います。

まるで倉庫のような店内。

1 業者からロールごとに買い付けるのが安さの秘訣。2 選んだ生地をスタッフに伝えると運び出してくれます。
3 1mからの欲しい長さを伝え、きれいにカットしてもらいます。

## 農家で見た重厚なカーテン 高級生地もバーゲン価格

英国主婦に大人気の同店はイタリア、ルーマニア、スペインなどから仕入れたシルクやコットン、「キャスキッドソン」「リバティー」といった人気デザイナーの生地など、良品がバーゲン価格で手に入ることで有名。2ポンド（300円）／mからという安さの秘密は、業者から直接買い付けているため。広大な店内の在庫をすべて並べると500kmの長さになるそう。ここならお気に入りの生地に必ず出会えます。

店内には、すでに作られたカーテンのサンプルもあります。

様々な柄の生地が並び、そのほとんどが1m6.99ポンド（1,048円）前後で手に入ります。

支払いはクレジットカードでも現金でも可能。

### ザ・カーテン・ファクトリー・アウトレット
The Curtain Factory Outlet

カーテンサイズの訪問計測サービスもあり

30年以上の歴史を誇るカーテン・アウトレット。業者から直接買い付けし、上質な生地を安く売ることにこだわっています。貴重な一点物も多数。HP上にはカーテンサイズの測り方を掲載しています。

住 269 Ballards Lane, North Finchley, London N12 8NR
☎ +44(0)2084 920 094
営 月～土曜 9:00～18:00
日曜 10:00～16:00
http://www.curtainfactoryoutlet.co.uk/

店内には生地のパターン見本が置かれているので、買い物に時間のない人も非常に便利。また、インターネットで生地のサンプルも注文でき、自宅に送ってくれるサービスもしています(英国内のみ)。

## 人気の生地とカーテン以外の用途

### Sheeting

シーチング
2.99ポンド(448円)/m～
適度に柔らかく、薄手の平織り木綿の生地で、パッチワークに最適。仮縫い用の生地としても用いられます。

用途/ブラウス、シーツ、枕カバーなど

### Organdie

オーガンジー
1.99ポンド(298円)/m～
薄手で少し透き通った綿の生地。現在はレーヨン、ポリエステルなどの化学繊維が主流で、光沢があり柔らかいのが特徴。

用途/ドレスやコートの裏打ち、スカーフなど

### Damask

ダマスク
6.99ポンド(1,048円)/m～
落ち着いた光沢感と滑らかな手触りが特徴。ブドウ柄やバラ柄などが多く、テーブルクロスの生地として定番です。

用途/テーブルクロス、カーペットなど

### Brocade

ブロケード
19.99ポンド(2,998円)/m～
ポリエステルとレーヨンの混紡で、チャイナドレスの生地などにも使われます。金や銀の模様の色目や生地の光沢感が特徴。

用途/ドレス、ネクタイなど

### Chenille

シェニール
16.99ポンド(2,548円)/m～
20色以上の色を使い分けて織り上げる、鮮やかで深みのある色合い。ボリューム感があるのが特徴。

用途/ソファ、椅子のカバーなど

### Silk Velvet

シルク・ベルベット
6.99ポンド(1,048円)/m～
別名ビロードとも言われる、柔らかで上品な手触りの生地。独特の艶と深みのある光沢感が特徴。

用途/ワンピースドレス、ストールなど

History

## イギリス織物産業の歴史

18世紀後半にイギリスで起こった産業革命の発端は、紡績技術の発達にありました。17世紀、インドからの綿布の輸入によってイギリスの手織物業が打撃を受けたため、イギリス政府は原綿以外の輸入を禁止し、国内生産へと切り替えました。しかし生産力が追い付かず、大量生産を可能にする技術革新が必要となったのです。そんな時代背景が後の産業革命へと繋がります。織物技術の進歩に大きく貢献したのは、フランスの宗教弾圧によってイギリスに渡ってきた優れた織物技術を持つユグノー(プロテスタント信者)でした。ところが紡績技術が発展していく中には、大量生産の味気なさや品質低下を問題視する声も多くありました。19世紀後半、ウィリアム・モリスが職人技術を取り入れながら、アーティスティックなデザイン工芸づくりを提唱。自然をモチーフとした繊細なカーテン生地が生まれ、人気を博しました。

### ウィリアム・モリス

William Morris
1834～1896年
19世紀を代表するイギリスの詩人、デザイナー、思想家。「モダンデザインの父」と呼ばれ、アーツ&クラフツ運動の主宰者でもあり、イギリスの文化に多大な影響を与えました。

### ファブリック製品の生産量の推移

出展/Textile Statistics 2004

▲この数値はコットン生地、ブレンド生地、コットンとウールとシルクの混在生地製品を合計した生産量。ファブリック製品は年々増加。出来合いのものを買う、という最近のイギリス人の傾向がうかがえます。

カーテン・ファクトリーで買った生地で

# アンさんが作った バロックカーテンの秘密

ロンドンに、とても繊細で美しいファブリック使いをしているB＆Bがあります。部屋のカーテンはすべて、元ディスプレイデザイナーだったというオーナーのアンさんの手作りでした。

「お店で売られているものは、ラインが美しくない上、見た目が良くない。手間ひまかけて作ったカーテンが一番部屋に合うし、一生使い続けられる」とアンさん。

## 理想のカーテンは自分で作るしかない

ベッド回りやカーテンが部屋と見事に調和したB&B「オシアン・ゲストハウス」。ここのカーテンはすべて手作り。バロック調のピュアシルクが好きだというアンさんは、既製品は高い上に薄いので、自分で作ることにこだわります。生地の調達はご紹介した「ザ・カーテン・ファクトリー・アウトレット」。裏地を付けるなど、一つに30時間を費やし、他のどこにもないカーテンが。部屋が高貴でゆったりとした雰囲気に変わります。

元ディスプレイデザイナーのアン・オコナーさん。

3部屋ある客室のカーテンはすべて手作り。アンティークのフレンチ家具を揃え、部屋に統一感を出しています。

**オシアン・ゲストハウス**
Ossian Guesthouse

㊟20 Ossian Road, London N4 4EA
☎+44(0)2083 404 331
㊕D75ポンド(11,250円)～
http://www.ossianguesthouse.co.uk/

### ヴィクトリア&アルバート美術館
Victoria&Albert Museum

**生地の歴史を知りたい人はココ**

陶磁器、彫刻絵画など3,000点あまりに及ぶ、世界文明の遺産が所狭しと並びます。中でもテキスタイルは、年代別に引き出しに並べて展示され、その総数は700点以上。織物の歴史や生地について知りたい人にオススメの美術館です。

㊟Cromwell Road, London SW7 2RL ☎+ 44(0)2079 422 000
㊣10:00～17:45（金曜は22:00まで） http://www.vam.ac.uk/

# カーテン生地でクロスを縫ってみよう！

ここでは、カーテン生地を使って手軽に出来る、クロスの作り方をご紹介します。厚手の生地はリバーシブルになっているので、テーブルクロスやタペストリーとしても役立ちます。

**用意する物**

- ・はさみ
- ・糸
- ・アイロン
- ・チャコペンシル
- ・三角定規
- ・針
- ・待ち針

Ironing Cloth

## 1. 生地の歪みを取ります

**生地は織る過程で歪みが生じます まず、生地をまっすぐに**

生地を平らな所に置き、引っ張りながら、裏面からスチームアイロンをかけて歪みやシワを消していきます。

**ポイント**

生地の両端「耳」の周りには歪みが生じやすいため、耳を切っておくか、斜めに切り込みを入れると良いです。

※耳……織物をほつれないようにする加工

Cutting Cloth

## 2. 生地をカットします

**アイロンがけが終わったら 好きな大きさにカッティング**

生地を平らな所に広げます。お好みの出来上がり寸法を決め、チャコペンシルなどで生地に線を引き、引いた線に沿って生地を裁断します。

**ポイント**

三角定規を用いることで、より正確に形をとることができます。ちょっとした手間が美しさの秘訣。

ウィリアム・モリス調の生地で縫ったテーブルクロスが、食卓に彩りを添えます。生地は1m 6.99ポンド（1,048円）で購入。

Folding Cloth

## 3. 3つ折りにして縫う準備

**いよいよ縫製へ……でも、その前に！ 縫いやすいよう、3つ折りにして待ち針でしっかり留めます**

布の端を3つ折りにします。折り幅は生地の厚さに応じて変わります。薄地〜普通地は3〜5㎜折り、さらに8㎜ほど折ります。厚地は7㎜折り、さらに12㎜ほど折ります。折った部分に細かく待ち針を打ちます。

**ポイント**

厚地の場合、3つ折りにすると生地の隅に不自然な厚みが出ます。事前に隅を斜めにカットしておくと厚みが出ません。

Sewing Finish

## 4. まつり縫いをして完成

**縫い目が表に出ないまつり縫いで 美しく仕上げます**

最後に待ち針を外し、まつり縫いをします。まつり縫いは、折り山の裏側から針を手前に出し、針を4〜7㎜移動させて表地をすくいます。さらにすぐ手前の折り山に裏側から針を入れて糸を引き出します。この工程を繰り返して完成させます。

完成

**ポイント**

表地は織り糸2本程度をすくうように心がけましょう。そうすることで、縫い糸が表にほとんど出ません。また、縫い目が一直線になるようにし、糸は引っ張りすぎないように注意すること。引っ張りすぎると生地が歪み、型崩れしてしまいます。

# 愛する村に ひとりで住まう

## *Her Perfect Village*

イギリスでは高齢者の一人暮らしがとても多く、
自分らしく日々を生きる人々に出会うと、嬉しくなります。
一人だからこそモノも住まいも秩序立てて整理する。
小さな村で終の住処を手に入れた、二人の暮らしぶりをご紹介します。

3

1

1モノトーンの繊細な色使いで、自然が醸す表情を写し取るように描くのが、キャロルさんの作風。2 3ユーア川を望む静かなアトリエの壁はイーゼル代わり。まだ描き途中のキャンバスがいくつも掛けられていました。父親の介護に貯金を使った彼女にとって「弟の隣家」という安心感が購入の切り札でした。

2

小ぢんまりした商店街、歩いて５分の丘陵地帯、ホーズ村には求めるすべてがあった

## オークションで購入した理想的コテージ

### 39歳で大学入学、アートの修士号取得

ノースヨークシャー、ホーズ村で出会った70歳のキャロルさんは二度の離婚を経て、幼い頃からの夢を叶え、大学で絵画を学び、修士号を40代で取得したそうです。卒業後、慣れ親しんだ北部の村を転々とするうち、ほど良い大きさと芸術家肌の住人も暮らすホーズを知り、オークションで現在の住まいを獲得。時が止まったような石造りの家。その一室をアトリエにして、木や空などヨークシャーの自然から作品を生み出す空間は、深い趣に満ちていました。

Carol Tyler
**キャロル・テイラーさん宅**

地域：ヨークシャー北部　ホーズ
建物構造：2階建てコテージ
築年代：ヴィクトリア時代
間取り：3LDK
購入価格：2,310万円

1 2つのパイン材のドアは知人から譲り受けたものをリメイクして使用。木肌のやわらかさ、加工しやすさはパインならでは。2 パイン扉の奥にはまとめ買いした食材や調理道具が並びます。3 小さな収納棚に並ぶアンティークのガラス陶器はキャロルさんのコレクション。茶葉やシリアルを入れて、センス良くディスプレイしていました。

清冽とした印象のキッチン。漆黒の石床とオフホワイトの壁のコントラストを、部屋の左右に置かれた間接照明が和らげていました。

## 好きな家具を中心にまとめた整理術は芸術的！

### 120万円の節約リフォーム

三軒続きのヴィクトリア時代に建てられたカントリーコテージの一つが、キャロルさんの住まい。一階の約12畳ほどのダイニング・キッチンと小さな居間、そしてベッドルームは、オリジナルのドアや、でこぼこの窓辺をそのまま残し、オフホワイトを基調にペイントしたそうです。圧巻なのはイケアのキッチンユニットを約3万円で購入し、小さな収納を最低限の費用で使いやすく工夫したキッチン。階段下の二つのデッドスペースには、友人から譲ってもらったパイン材のドアを取り付け、冷蔵庫や掃除道具を収めています。食器からカトラリーまで、ホームセンター通いで低価格の使いやすいものを揃え、その

4デザインが統一されたカトラリーは、ホームセンターで安く揃えたもの。引き出しに入ったカトラリーバスケットは、来客時にそのままテーブルに運べます。5シンク下に同じサイズのお皿を重ねて収納。6露出させたくない冷蔵庫やレンジ、洗剤は階段下のデッドスペースに。7場所をとる掃除道具はキッチンのくぼみに引き戸を付けて収納。8キッチンが一番くつろげるとキャロルさん。9キッチン横には裏庭を覗ける窓が。古い蛇口を付けたキッチンシンクや棚の手作りポットが、イケアの安価なキッチンユニットと見事にマッチしました。

分、部屋が明るく見えるパイン材のアンティークテーブルと、オークションで購入したペルシャ絨毯にこだわりました。一人の時間が大好きなキャロルさんにとって、裏庭を眺めつつ食器を洗い、手紙を書くなど、キッチンで過ごす時間は幸せの時間。時々、裏庭から隣家の弟さんがお茶に来る距離感もいいのです。

オフホワイトでペイントされた寝室は、パインの家具で統一。色付き家具は、Acid Base※（アシッドベース）で色を落としたそうです。低い天井には、安価な直付け蛍光灯を。枯れ木までデコレーションに使い、カーペットと合わせたベッドカバーで、やわらかなカントリースタイルを醸し出しています。
※アシッドベース：塗装を落とす溶液

1 クローゼットの横の木製ベンチは、洗濯した服を干すのに便利です。2 大きな窓のある2階の踊り場。鏡とウィンカーチェアで小休止の場になっています。

## 「整理すべきはモノではなく生き方」と教えられて

### わずかな収入で理想の生活

現在、年金約4万円（一ヶ月）で生活するキャロルさんは、川が見える二階の部屋を寝室、隣をアトリエとして使い、一階の寝室には友人の娘を下宿させて収入を得ています。

15年間ベジタリアンの彼女は水をたくさん飲むこと、そして「最後は、自分のすべてを自分で面倒みられるように生きている」と話してくれました。この家の改装費はわずか120万円。物が少ないのは二度目の離婚後、キャラバンに住んだ経験からだとか。家は住む人の個性を映し出すといいます。語りかけるような物腰の彼女と向かい合っていると、凛として一人で生きる姿勢が、美しい住まいを作り出すと思えるのです。

3バスルームもパインの床に白いキャビネットと、他の部屋と同じテイストで統一します。4寝室の隣はアトリエです。デスクの下に折り畳み椅子を入れ、画材はすべて一ヶ所にまとめて整理します。

## ホーズ村について

手仕事を集めたギャラリー、アンティークショップ、雑貨店がある30分で回れる村です。

ノースヨークシャーの西部、一帯に田園風景が広がるヨークシャーデイルズ国立公園の中心部にあるホーズは、人口約1,180人の小さな村ながら観光名所として知られています。ウェンズレイデイル渓谷の頂上に位置し、チーズやロープの生産地として古くから栄えてきました。村のあちこちにフットパスと呼ばれる散歩道が通って、美しい自然に魅せられた多くの芸術家たちが移住していることも特徴です。

㊋ロンドン・キングスクロス駅からリーズ駅まで約2時間15分。リーズ駅からガースデイル駅まで約1時間半。ガースデイル駅からNo.113のバスでホーズまで約20分。

ここを紹介してくれたのは、昔から顔馴染みの不動産屋オーナー。近所に会社のある彼も、一人暮らしのジュディさんを毎週訪ねては、住まいに問題がないか見てくれます。このようなすべて改装済みの平屋は3,000万円前後と手頃で、英国の高齢者に人気が高いのです。

# 生涯コッツウォルズに暮らす 顔見知りに囲まれるストウが一番

コッツウォルズの中心街、ローマ時代の町並みが広がる
ストウ・オン・ザ・ウォルドには、多くの高齢者が暮らしています。
76歳のジュディさんが終の住処に選んだのもここ。
小さなバンガローは、大通りから路地に入った村の中心にありました。

手入れのいらない小さなパティオ。

Judy Clover
ジュディ・クローヴァーさん宅

地域：コッツウォルズ　ストウ・オン・ザ・ウォルド
建物構造：バンガロー（平屋）
築年代：1970年代
間取り：2LDK
購入価格：3,525万円

1 頻繁に紅茶を飲む人に人気のマグツリー。
2 ランタンの下がった廊下の床は、掃除しやすいリノリウム。
3 裏庭が見わたせるシンプルなキッチン、コーナーユニットで収納力アップ。
4 肘掛け椅子は読書や昼寝のため、窓辺に並べます。
5 1970年代から流行り始めたウォールキャビネットは底面に照明が付いています。夜の読書に便利です。

## 買い物は徒歩圏 室内はリフォーム済み

### 車生活にピリオド

徒歩3分のマーケットスクエアも至近のジュディさんの住まいは、2LDKのバンガロー。前オーナーのリフォームによるガレージを区切った洗濯室とダイニング、庭の小さな倉庫など、使いやすい間取りが購入の決め手でした。以前に住んでいたブロードウェイの村はずれは、車がなければ生活できず、ご主人の他界を機に現在の家に引っ越したとか。ストウには一人暮らしの高齢者も多く、近所のカップルは、夜中でも怪しい音を聞いたら電話してと、温かい声がけもこの村の良さです。古都バースに続く街道やマーケットタウンとしての賑わい。一人だから感じるストウの魅力がジュディさんの大きな喜びです。

節約紀行

# 北イングランドのヴィレッジマーケットを歩く

## *Village Life, Village Market*

**イギリスの村の大きな魅力の一つが、
ヴィレッジマーケットです。
その土地でしか買えない農家手作りのお菓子や保存食、
家具やクラフト、日用品が並ぶ市は、
個性豊かな人々との語らいの場でもあります。
今回は値段も安く、手仕事が盛んな
ヨークシャー周辺をご案内します。**

## ヴィレッジマーケットの起こり

中世以前のイギリスでは、農耕や家畜を生業（なりわい）にした農民たちが人口の大半を占めていました。彼らの多くは、町から離れた、自分たちの農地の近くに暮らしていました。ヴィレッジマーケットの起源は、このような農民たちが礼拝の後に教会の敷地で作物を売買したことからと伝えられています。やがてマーケットは村の十字路や川の近くなど、交通の便が良い場所で発展していくのです。

1「うちが稼ぎ頭」とセーター屋の店主。2格安、難有りカシミアの中には、スコットランド産ホワイトカシミアもありました。3仕入れは北欧からも。

車でしか行けない、
ヨークシャー北部の小さなマーケット

# ヘルムズリー
Helmsley

## 通りがかりの村で一生モノのセーターに出会う

### タグのないカシミアセーター

ノースヨークシャーの人々を取材するために、スカボローへ向かう途中、ヘルムズリーという村の広場で、マーケットが開かれていました。

慌てて車を停めると、人だかりのできた一角にタグの切れたスコットランド製カシミアセーターを20ポンド（3000円）で売る露店。見れば、ノルウェー製のノルディックセーターも、35ポンド（5250円）と破格です。

「あっちこっちの倒産しそうなミル（工場）から仕入れては、ここらのマーケットを巡回して売っているんだ」と店主。寒空の下、セーターに目のない私は、小一時間ほど選びに選んで、5着を購入。とくに気に入ったアーガイルのカシ

4薄くて暖かいアーガイルのカシミアは、取材に重宝しました。5マーケット近くに駐車場あり。6引き出しと見まがう扉付きチェストがたったの10ポンド(1,500円)。7マーケット会場はこの村の領主だった、フェバーシャム卿のモニュメントが目印です。

ミアは、有名ブランド「プリングル」のタグが切られた掘り出し物でした。

人口わずか1500人程度のヘルムズリーは、教区教会を中心に栄え、ヘルムズリー城を始め、中世の古城が残る静かな村。教会の敷地内で売買がなされていた13世紀当初の面影は今も残っています。

私が訪れたのはクリスマス前の12月でしたが、ツリーに飾るオーナメントや自家製ミンスパイも販売されていました。クリスマスショッピングに追われる人たちがたくさんの袋を抱えて「よいクリスマスを」と声をかけ合うのもヴィレッジマーケットならではの冬の風情です。

## Helmsley Market
### ヘルムズリー・マーケット

✆+44(0)1439 770 173
㊟Market Place, Helmsley, North Yorkshire YO62 5BL
㊎金曜9:00～16:00
㊋ロンドン・キングスクロス駅からヨーク駅まで約2時間。そこから車で約45分。

日本に額を持ち帰る場合は「ガラスなし」が便利。

整理に役立つ中古雑貨が1ポンド（150円）より。

インド人の家族による額縁店は大繁盛。

リフォーム前に訪れたい、
インテリア雑貨が豊富なマーケット

# スキプトン
Skipton

## イギリス流家づくりの部材を揃えた思い出のスキプトン

### フレーム付き鏡との出会い

ヨークシャーデイルズ南西部の玄関口であり、リーズ・リバプール運河沿いの町、スキプトン。この町のハイストリートにも、大きなストリートマーケットが週4日、約40店ほどが集まって開催されています。ヨークシャーの中でも、このスキプトンのマーケットが規模、知名度ともに一番。10年以上前に英国コテージ風のわが家を建てたときは、金具、額、フロアマットなど、必要なものをこのマーケットで見つけました。あまりの安さに数ポンドで購入できる古いドアノブや、壁に取り付ける鉄製フック、額縁も大量に購入。3枚約千円のパイン材フレーム付き鏡は、脱衣所のフォーカルポイ

1

2

3

**12**北部一有名なマーケットタウン、スキプトンはハイストリートに続く路地にも雑貨店が多い。**3**ハイストリートを登り切った丘に建つ、ホーリー・トリニティ教会。1100年代に建てられた教会は、長年増改築を繰り返しながら現在に至ります。

ントになっています。

ところで、スキプトンのタウンホールでは定期的に教会主催のアンティークマーケットが開かれています。ここでは格安の食器、カトラリーなどが並ぶこともあり、駐車場近くの渋滞に車を下りて走り出す買い物客もいるほどです。

教区教会を擁し、近隣の村落を繋ぐ町として知られたスキプトン。そのマーケットの歴史は古く、ジョン王によって１２０４年に正式に認められました。今でも、英国のあちこちから観光バスに乗って、老夫婦までがやってくる、古き良き英国を堪能できるマーケットです。

## Skipton Market
### スキプトン・マーケット

☎+44(0)1756 794 357
㊟High Street, Skipton, North Yorkshire BD23
㊡月、水、金、土曜9:00～15:00
㊫ロンドン・キングスクロス駅からスキプトン駅まで約3時間30分。そこから徒歩約10分。

2

3

4

1

お直しアイテムが揃う
節約リユースの強い味方

# ケンダル

Kendal

## 湖水地方のマーケットで地域の暮らしに触れる

### 主婦目線の品揃え

ヨークシャーデイルズから少しだけ離れると、お隣は湖水地方。その南東部の玄関口・ケンダルでは、1189年にリチャードI世によって開催許可を受けたマーケットが今でも開かれ、賑わいをみせています。

ハイストリート近くで毎週水曜と土曜に開かれるこのマーケットでは、生鮮野菜や食品のほか、革製の財布が1・5ポンド(225円)、「ブロンテツイード」のラグが10ポンド(1500円)とお買い得な品揃え。私がここでとくに気に入ったのが、円錐(えんすい)形に縫い付けた、キッチンタオル。すっぽりとお皿やカップを包める形は、食器洗いの時間が楽しくなりそうです。

1「バター・レディ」と呼ばれる女性たちのビーズアクセサリー店が人気。ビーズのピアスが7.50ポンド(1,125円)〜。2ショッピングセンター内のケンダル・インドア・マーケット。3愛らしいチロリアンテープ90ペンス(135円)〜。4花のアクセサリーパーツは10ペンス(15円)〜。5カーペットは20ポンド(3,000円)。68タオル店では、ヨークシャーのラグや、ソフトなエジプトタオルが人気。アップリケ付き円錐形タオルは、鍋のフタもきれいに拭けます。7ハリス・ツイードの帽子は10ポンド(1,500円)〜。パッチワークのデザインもあり。

また、この町ではもう一つのマーケットが開催されていました。さかのぼること1887年に、ヴィクトリア女王即位50周年を記念して建てられたマーケットホールです。お直しの必須アイテム、キャンディのような安いアクセサリーパーツや、チロリアンテープをまとめて購入した私。いつか、どこかで役立ちそうな生活必需品と共に、素朴な村の風情を持ち帰る。そこから家事やお直しの夢がふくらむのです。

## Kendal Street Market
ケンダル・ストリート・マーケット

☎+44(0)1539 740 486
㊟Market Place, Kendal, Cumbria LA9
㊝水、土曜 8:00〜16:30

## Kendal Indoor Market
ケンダル・インドア・マーケット

☎+44(0)1539 740 486
㊟The Westmorland Shopping Centre, Stricklandgate, Kendal, Cumbria LA9 4LR
㊝月〜金曜 9:00〜16:30、土曜 8:30〜16:30
㊡ロンドン・ユーストン駅からケンダル駅まで約3時間15分。そこから徒歩約10分。

# 英国一の巨大なアンティークマーケット
# 3000店のディーラーが牧草地に集結
# リンカーンシャー・フェア

**村のマーケットを訪ね歩くうち、とんでもない規模のアンティークマーケットを発見。**
**1日かけても見切れない家具や食器の種類と安さ。**
**輸送代をかけても持ち帰って、部屋を模様替えしたい! と熱くなりました。**

## 掘り出し物が集結する イギリス最大級のマーケット

### 一生モノの家具を数千円で

イングランド東部の都市、リンカーンは、フォス街道の終着点であり、中世は軍事拠点として発展しました。ここで開催される、リンカーンシャー・フェアを知ったときの衝撃は忘れられません。東京ドーム約17個分の敷地に、3000店以上が出店する、イギリス随一の規模というのです。

実際訪れた会場は、野外コンサートもどきの熱気とスケール。

アンティークのシャンデリアや、アール・デコスタイルのフランス製ソファ、大理石で作られた時計に、教会の椅子などが数千円からひしめいていました。世界各地から初日を目指してやってきたディーラーに先を越されまいと、小さなチェストを探す私。日本で見るアンティーク家具は大きすぎて部屋に収まらないからです。

戦前のオーク材スクールデスクにはインク瓶を入れる穴や使用者の名前も彫ってありました。

1ハンパーと呼ばれる人気のバスケットは通気が良いので野菜や衣類を入れるのに最適です。23 50ペンス（75円）と格安のティーセット。通常6人セットで売られるカップ＆ソーサーは１つでも欠けると値が落ち、マーケットに出されます。

4オーク材のチェス・オブ・ドロワーズ。50ポンド（7,500円）。
5フランス製ベルベットのアームチェア。
67巨大なマーケットを一日かけて回ると、ジャンク（ガラクタ）、セカンド（中古）の中から整理に使える貴重な家具が発掘できます。初日が狙い目です。

1マーケットにやってきたエンターテイナーも小銭を稼いでいました。2 1970年代に流行した赤、黒のバロック調シーリングライトの人気が再燃です。325ポンド(48,750円)。3オーク材のカードテーブルはキャスター付きです。50ポンド(7,500円)。4踏み台にもなるオーク材のキッチンチェア。5会場では突然の雨に備えて、インドアマーケットも開催されていました。6 7露店主はキャンピングカーやテントに宿泊し、フェアが終わると荷物と共に家路につきます。

小さなテーブル、本棚と日本サイズの家具もザクザク。私はマホガニーの小さなチェスト・オブ・ドロワーズを購入。ヴィクトリア時代のもので、移動しやすいキャスター付き。60ポンド(9000円)と、とても安く、四畳半の仕事部屋に収まる貴重なサイズでした。

イギリスでは、良いものを安く買うのが基本。こうしたフェアを訪ねることで、アンティークをふんだんに取り入れた住まいも夢ではなくなるのです。

## Lincolnshire Fair
### リンカーンシャー・フェア

☎+44(0)1298 274 93
㈮Lincolnshire Showground, Grange-de-Lings, Lincoln LN2 2NA
㈷2010年 8月17～18日、10月5～6日、11月30～12月1日
㈶初日15ポンド(2,250円)、2日目2.50ポンド(375円)
㊫ロンドン・キングスクロス駅からリンカーン駅まで約2時間。そこから車で約10分。
http://www.arthurswallowfairs.co.uk/

日本語対応の輸送会社が
英国から日本の自宅まで買った品物をお届け

# コヤナギ・ワールドワイド

*Koyanagi Worldwide*

航空便は最短１週間、船便は２ヶ月前後で配送。少量の家具なら航空便がお得。テーブル(80×75×25cm)395ポンド(59,250円)。高級家具や美術品も安心して任せられます。
(写真下)英国大手の引っ越し会社に就職後、独立した小柳代表。

マーケットで買ったアンティーク家具や、安く大量買いした生地は、ロンドンの輸送会社を利用して日本の自宅へ送りましょう。日本人旅行者におすすめなのが、ヨーロッパと日本を中心に国際輸送サービスを行う日系企業「コヤナギ・ワールドワイド」。イギリスで30年以上のキャリアを持ち、マイケル・ガーソン社と共にエリザベス女王から輸出貢献奨励賞を受賞した、信頼できる会社です。日本人スタッフが応対し、集荷と梱包、通関手続きの代行、自宅までの配達をサポートしてくれます。事前予約で地方のアンティークフェアのピックアップもOK。家具など大物を購入したい人には、心強い味方です。

**コヤナギ・ワールドワイド**

☎+44(0)2084 451 939
FAX+44(0)2084 464 225
㊟1 Allum Way, London N20 9QL
http://www.koyanagiworldwide.com/

# 村の素朴なごちそう

ロンドンまで通勤できて、しかも泳げる美しい川がある村が、
コッツウォルズの外れにあると聞いて以来、The green（広大な緑地帯）や
チューダー朝の建物が点在するフランプトン・オン・セブンは憧れの地でした。
念願叶って晩秋、この村を訪れた私は、収穫された農作物を
村の人々といただくハーベストサパーを体験したのです。

# Village Style Cooking

1納屋の奥に即席調理場が。2会場にはお皿を温めるプレートウォーマーもあり、アツアツ料理が楽しめました。3前菜のチキンパテから自家製です。4にんじん、グリーンピース、アスパラガスなどの温野菜がたっぷり添えられた手作りコテージパイ。5昔、日本人の文通相手がいたという、元看護師のルージーさん。

ハーベストサパーの主催者のアマンダ・ダウントンさん。

全英で途絶えることなく続く秋の祝宴

# 納屋の晩餐会

Harvest supper

## 人と自然の恵みに感謝するハーベストサパーの感動

### ごちそうは各家庭から持ち寄って

部外者の私がこの村のハーベストサパーに参加できると知ったのは渡英直前。しかも入場料と夕食代を合わせて一人9ポンド（1350円）というのです。安さの理由は、村の女性たちがポットラックスタイルで、家庭料理を持ち寄って、畑で収穫された「ハーベスト」を味わうからだとか。手作りとはいえ、前菜のチキンパテ、温野菜、メインに牛肉入りコテージパイ、食後はアップルクランブルと、地元産のリンゴとポテトといった秋の味覚が存分に堪能できます。

1843年に始まったといわれるこのハーベストサパー。古くは収穫した野菜や果物をバスケットに入れ教会に持ち寄り、貧しい人に分け与えていたことが始まりとか。現在、サパーの収益

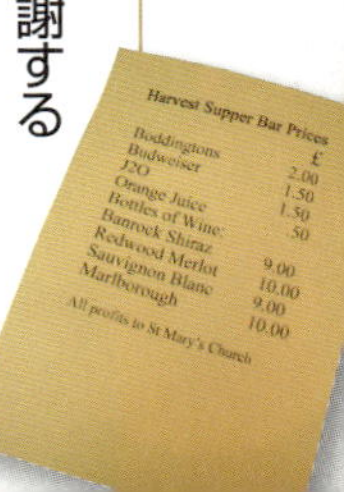


ハーベストサパーのドリンクメニュー。
売上げは教会に寄付されます。

## 不要品や食べ切れない実りまで 分かち合う喜び

金は維持費のかかる地元の教会に寄付され、地域に還元されているのです。

この日会場になった「ウール・バーン」は、16世紀に建てられた第一級の歴史的建造物として、大掛かりな修復工事が行われたばかり。村人にとってはシンボリックな場所です。すっかり熱気を帯びた古い納屋では、村の人々によって用意されたテーブルでディナーが始まろうとしていました。約60名の参加者をもてなすよう、10代の少年までがうやうやしく給仕を開始。即席調理場では近くの商店から借りてきた調理器具の前で、楽しそうにおしゃべりをしながら、女性たちがせわしなく料理をつぎ分けています。料理はどれも超大盛りで、湯気の立つホクホクポテトのコテージパイは、スプーンですくうと肉汁がたれるほどの具の詰まり方。食後、50ペンス(75円)から競り落とすオーク

このような古い納屋、教会は、村人が集う会場として、地元の大切な資産となっていました。

1食後のオークション。司会は主催者の長老がユーモラスに務めます。2皆がほしがっていた高級ボルドーワインをビンゴで当てた瞬間。寒い納屋では、薪をくべるログストーブが、唯一の暖房でした。3フランプトン・オン・セブン約1,200人の村人は、年1回の祝宴を楽しみにしています。

ションの景品も、村の人々が持ち寄った不要品の食器や手作りパイなど、お金をかけないものばかり。私はハーベストサパーの文字がアイシングされたコーヒーケーキを丸ごと5ポンド（750円）で競り落とし、1ポンドのクジでは、リンゴの詰め合わせを獲得しました。

村の教会を守りたい、という郷土愛。隣人に感謝し、大家族のようにテーブルを囲むひととき。こんなハーベストサパーのあり方は、冷蔵庫で食べ物を腐らせたり、贈答品で押し入れを満杯にする自分の暮らしを見直すきっかけとなりました。

Frampton-on-Servern
<ハーベストサパーの問い合わせ先>

Frampton-on-Servern
Parish Council

+44(0)1452 740 842
営9:00〜17:00
住Trillium, The Green, Frampton-on-Severn, Gloucestershire GL2 7DY

人と家をシェアするのが好きでB&Bを始めたというベロニカさん。元はイギリス屈指の古都バースで12年間、別のB＆Bを経営していましたが、友人の勧めでフランプトン・オン・セブンに移住。カントリーサイドの魅力は人々が自然と共に生き、お互いを助け合うコミュニティが今に残ることだと話していました。村のためにボートを貸し出すボランティアに自ら参加。部屋にはチャリティ団体が作った石鹸が置かれていました。

フランプトン・オン・セブンを愛する

# ベロニカさんのB&B

## 村を愛する女主人が ハーベストサパーの案内人

### オーガニック料理が自慢

私に晩餐会を紹介してくれたのはウール・バーンの近くでB&Bを営むベロニカさん。1830年代のジョージアン・コテージを改装した彼女のB&B、朝食メニューはすべて地元産のオーガニック食材を使っています。誰よりこの村を誇るベロニカさんと接していると、イギリス人の村に移住する喜びが伝わってきます。カントリーサイドの文化は、こんな人たちによって保たれているのですね。

**The True Heart**
**ザ・トゥルー・ハート**

✆+44(0)1452 740 504
㊟The Street, Frampton-on-Severn, Gloucestershire GL2 7ED
㊕40ポンド(6,000円)～
㊦ロンドン・パディントン駅からストラウド駅まで電車で約1時間30分。そこから車で約20分。
http://thetrueheart.co.uk/

# セーラさんの
# 節約じゃがいも料理

日本人のご主人と千葉・九十九里に暮らすイギリス出身の大滝セーラさん。キャンピングトレーラーで日本中を旅行し、行き着いたのが10坪の小屋に217坪の広大なイングリッシュガーデンが付いた現在の住まい。庭の畑でじゃがいも、そら豆、トマトやキュウリなど10種類以上の野菜を栽培する夫婦の食費は一日わずか300円だとか。そんな彼女にイギリスの農家でも主食に欠かせないじゃがいもを使った節約レシピを教えていただきました。

# *Shepherd's Pie*
# シェファーズパイ

**野菜と一緒に煮込んだラム肉の上に、マッシュポテトをのせてオーブンで焼く人気メニュー。元は羊飼い（Shepherd）が作ったことが名前の由来となったイギリスの伝統料理です。ラム肉ではなく牛肉を使ったものはコテージパイ（Cottage Pie）と呼ばれます。**

### レシピ

1. 油を熱した鍋でみじん切りにしたたまねぎと挽肉を5分炒める。
2. にんじん、小麦粉、チキンストック（市販の缶詰のスープまたは、チキンコンソメをお湯で溶いたもの）を1に加え、塩・コショウで味付けする。沸騰したら蓋をして弱火で30分煮込む。
3. 皮をむいて4つ切りにしたじゃがいもを茹で、柔らかくなったら湯をきり、バターと牛乳を加えてつぶす。
4. 耐熱皿に2を移し、上に3をのせて形を整え、200度のオーブンで30分焼く。

材料（2人分）：じゃがいも600g、バター25〜40g、牛乳大さじ2、サラダ油大さじ1、たまねぎ1個、ラムの挽肉350g、にんじん1本、小麦粉大さじ1/2、チキン（またはコンソメ）ストック100㎖、塩・コショウ少々

耐熱皿は大人数で取り分けるサイズでも、一人分のものでも可。元はローストラムやローストビーフを多く作ったときの残り物を刻んで、じゃがいもと一緒に使用する残り物料理として普及しました。

*Potato Pancake*

# ポテトパンケーキ

**ポテトパンケーキは古来からヨーロッパで広く食べられてきた料理の一つ。元は東ヨーロッパのユダヤ人の料理だったという説があります。調理方法は国や地域によって変わりますが、こんがりキツネ色に焼いたハッシュドポテト風にするのがイギリス流です。**

## レシピ

1. じゃがいも、たまねぎをみじん切りにする。
2. 1に小麦粉、卵、塩、粗びきコショウ、パセリのみじん切りを混ぜ合わせ、小判形に丸める。
3. 2をオリーブオイルを熱したフライパンで火加減を調節しながら両面をキツネ色になるまで焼き、器に盛り付け、ケチャップを添える。

材料（2枚分）：じゃがいも1個、たまねぎ1/8個、小麦粉大さじ2、卵1個、塩・粗びきコショウ適量、パセリのみじん切り少々、オリーブオイル大さじ2

じゃがいもの刻む大きさを変えると食感が変わります。粗く刻めばハッシュドポテト風、すりつぶしたマッシュポテトを使えばコロッケのようになります。ディップをウスターソースやタルタルソースに替えても美味しいです。

# Potato & Courgette Soup
# ポテト&コージェットスープ

**じゃがいもとズッキーニを煮込んだスープ。イギリスで古くから庶民の食事だった栄養価の高いポテトスープは、18世紀に戦争で捕虜となったフランス人農学者のパルマンティエが異国の地で普及させ、ルイ16世に賞讃されたというエピソードがあります。**

## レシピ

1. フライパンにバターを熱し、1㎝角に切ったたまねぎとズッキーニ、みじん切りにしたにんにくを5分炒める。
2. 1㎝角に切ったじゃがいも、チキンストックを1に加え、塩・コショウで味を整える。
3. じゃがいもを柔らかくなるまで煮込んだら、仕上げにパセリをまぶす。

材料（2人分）：じゃがいも2個、たまねぎ1/2個、ズッキーニ1本、にんにくのみじん切り小さじ1、バター大さじ2、塩・コショウ少々、パセリのみじん切り大さじ2、チキンストック400㎖

じゃがいもだけのシンプルな味に深みを持たせるため、長ネギやカブ、ズッキーニなどを加え、古くから愛されてきたスープ。いろんな野菜を加えればバリエーションが広がり、たくさん作りおきして冷やしておけば、忙しいときの食事になります。

# Potato & Cheese Bake
# ポテト&チーズベイク

新じゃがの季節にセーラさんが必ず作るという、じゃがいもとチーズの重ね焼き。イギリスではスライスしたじゃがいもにホワイトソースをかけた料理がよく食べられますが、ソース作りの手間を省くため、代わりにチーズを使ったオリジナルレシピです。

材料(2人分):小さめの新じゃが6個、たまねぎ1/3個、ミニトマト10個、シュレッドチーズ適量、塩・コショウ適宜、オリーブオイル大さじ1

ご飯のおかずとしてだけでなく、お酒のおつまみや子どものおやつとしても簡単にできる料理です。ホクホクの新じゃがで作ると溶けたチーズと味が絡まって大変美味しくいただけます。新じゃががなければ普通のじゃがいもでも大丈夫です。

## レシピ

1. じゃがいもを皮つきのまま柔らかくなるまで茹で、5mmほどの厚さにスライスする。
2. 薄くスライスしたたまねぎを電子レンジで30秒加熱する。
3. 耐熱皿にじゃがいも、たまねぎ、半分に切ったミニトマトを重ね、塩・コショウを振る。この工程を繰り返して3段重ねにする。
4. 3にチーズをのせ、最後にオリーブオイルを振りかけたら、200度のオーブンで20分焼く。

アメリカからヨーロッパに入ったじゃがいもは、当初小麦の「代用食」でした。

## 知ってるようで知らない
# じゃがいもの栄養

## 1 美白効果・風邪予防に効くビタミンC

美白に欠かせない栄養素、ビタミンC。免疫力を高めるので風邪予防にも効果を発揮します。じゃがいもは日持ちする上、ミカンとほぼ同量の豊富なビタミンCが含まれます。一般にビタミンCは水と熱に弱く調理すると多くが失われますが、でんぷんを多く含むため、揚げると9割、茹でても8割のビタミンCがでんぷんの保護によって残ります。保存は必ず冷暗所へ。光に当たると皮が緑色に変色し、発芽して有毒なソラニンができます。リンゴと一緒にポリエチレンの袋に入れておくとソラニンを防ぎ、日持ちさせることができます。

## 2 肥満防止・疲労回復に役立つビタミンB群

ビタミン$B_1$は、糖質を分解し、エネルギーに変える酵素を助ける働きがあるため、糖質が脂肪として蓄積するのを防ぎます。エネルギーの代謝を促進することにより、脳の集中力も高まります。じゃがいもに含まれるビタミン$B_1$の量は、なんとお米の3倍。脂質やアミノ酸、炭水化物の代謝を高めるビタミン$B_2$も多く含まれており、肥満防止や疲労回復につながります。ビタミン$B_2$は細胞の再生を助ける働きや、肌を美しく保つ効果もあります。この他、整腸作用のある食物繊維や、貧血の防止になる鉄分も多く、栄養の宝庫なのです。

## 3 高血圧やむくみを防ぐカリウムも豊富

じゃがいもには高血圧やむくみの原因となる塩分を排出するカリウムが豊富に含まれています。太りそうなイメージの強いじゃがいもですが、実は意外にもカロリーはお米の1/2。血糖値の上昇率を示すGI値は揚げたり、レンジで加熱した場合は少々高めですが、茹でた場合は60を切るのでダイエットに適しています。茹でるときは水から茹でると表面と内側の温度差が少なくなり、煮崩れが防げますので手順を間違えないで。マッシュするときは冷めてからだとでんぷん粉が破け、口当たりが悪くなるので、熱々のうちに行いましょう。

# じゃがいもはお取り寄せで
# 芽室町のホクホクポテト

## ＪＡめむろ（芽室町農業協同組合）

**重たいお米や保存のきく野菜は、お取り寄せも活用します。とくに日持ちし、あらゆる料理に使うじゃがいもは一箱分を北海道から空輸し、常備野菜として裏庭にストックすると経済的。北海道・十勝平野は国内随一のじゃがいも生産地。中でも私が一番美味しいと思うのは十勝の真ん中、芽室町のじゃがいもです。煮物にサラダにと毎日重宝しています。**

南米、アンデス高原の寒冷地で生まれたじゃがいもが日本に渡来したのは約４００年前。オランダ人が長崎の出島に伝えたのが始まりといわれています。その後、明治時代に大々的に行われた北海道開拓とともに、じゃがいもは生育に最適な北の大地に根付き、品種改良や生産性向上の元、北海道を日本一のじゃがいも生産地に押し上げました。全国の40%の生産シェアを占めるのが広大な十勝平野。中西部に位置する芽室町はその14%の収穫量を誇ります。芽室の土壌がホクホクで美味しいじゃがいもの栽培に適しているのは、気候が内陸性で日本有数の晴天率を誇ること。そして夏は30度以上、冬は氷点下20度以下と寒暖差が大きいことが挙げられます。

栽培されているじゃがいもは12品種。細長い卵形で煮崩れしにくい「メークイン」は、ほんのり甘くしっとりした口当たりが煮込み料理にもサラダにもよく合います。「男爵いも」はホクホク感のもっと

1 芽室町の一戸の農家の面積は約30ヘクタール（東京ドーム6.4個分）。2 ポテトハーベスターというトラクターで収穫し、その場で選別。3 じゃがいもの開花は8月上旬頃。写真は「マチルダ」の花。4 煮ても焼いても美味しいじゃがいもは万能の常備野菜です。

も強い、マッシュポテトやフライ料理に広く使える人気も知名度も高い品種。この他にもポテトチップス用や冷凍ポテト用など、用途に適した品種が栽培されています。

　現在、芽室町の農協「ＪＡめむろ」は「十勝めむろ」ブランドを立ち上げ、全国展開を始めています。北海道では芽室でのみ栽培している「マチルダ」を使ったポテトフライをロッテリアと提携して販売。じゃがいもを始め農協で扱うすべての地産商品にロゴマークを付け、全国に発信しているそうです。イギリスでじゃがいもを農家から大袋で買う人々を見て以来、じゃがいもの産地、芽室町が身近になった私です。

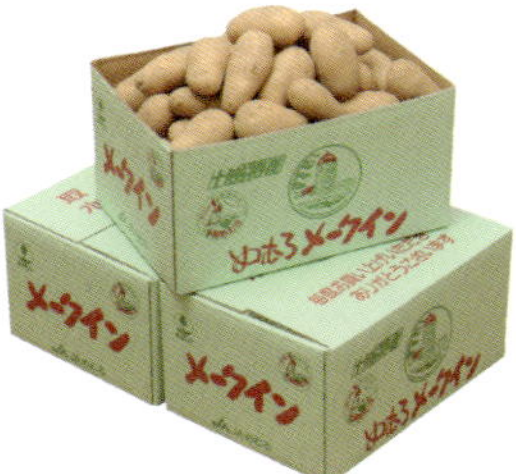


ＪＡめむろ
（芽室町農業協同組合）

☎0155-62-2537
FAX 0155-62-6780
㊟北海道河西郡芽室町西4条南1-1-9
http://www.ja-memuro.or.jp

# おいしいものは大地から
# コッツウォルズで見た産直の豊かさ——

**イギリス人の食生活は狂牛病による健康被害やファストフードによる肥満が社会問題となったことを背景に、ヘルシー志向へ大きくシフトしています。地元産食材への関心も高まり、オーガニック市場も急成長しているイギリスの村では、子どもたちまでもが産直に馴染んでいました。**

2000年代初頭にイギリスで発生したBSE問題は畜産業を大きく揺るがし、消費者を巻き込んだ社会現象となりました。また、子どもたちが学校でハムだけのサンドウィッチにポテトチップスとチョコレートバーを詰め込んだパックドランチ(お弁当)や給食を食べている実態を、人気TV番組が放送したことが発端となって給食改革が起こりました。ローカルプロダクト(地場産)の食材が体に一番良いという認識が広がって直売所の需要が高まり、その数は全英でおよそ9500ヵ所、年間売上総額は約450億円と伝えられています。

グロスターシャーの小さな村を歩いていた私は、大きな袋を持って自転車を飛ばす子どもたちとす

子どもたちは目当ての野菜を慣れた手つきで次々と袋に放り込み、「買い損ねたら、今晩のごちそうが食べられない」と、母親の待つ家へ帰って行きました。家事能力の衰退が欧州で取り沙汰される中、農家を身近に感じる子どもたちがとても羨ましく思えたのです。ひっきりなしに地元の人たちが買いに来る村はずれの直売場は、どれも驚くほど安く、袋いっぱいに詰められたじゃがいもが1ポンド（150円）、キャベツやにんじん、たまねぎが50ペンス（75円）、リンゴも1kgで50ペンスという安さでした。

れ違いました。声をかけると「急がないと野菜がなくなる」と言うではありませんか。彼らの後を追って到着したのは、村はずれにある農家の無人直売所。採れたてのジャガイモやキャベツを近所の子と奪い合う兄妹。「フレンチフライを知っていても、ジャガイモの原形を知らない」子どもが増えるイギリスで、改めて村の豊かさを教えられた気がしました。

1 自家製サイダーも販売するりんご農園の主。2 開催日には遠方からも買い物客が。3 4 農場直送の羊肉ソーセージのホットドッグが2.50ポンド（375円）。

メディアも絶賛、英国一の品質を賞味したい

# ストラウド・ファーマーズ・マーケット
## Stroud Farmers' Market

地元農家が一堂に会するファーマーズ・マーケットで新鮮な食材を確保することは、イギリス人にとって大きな楽しみ。中でも、毎回45～60店が出店し、コッツウォルズ最大規模として知られるストラウドのマーケットは、誰もが認める食材の宝庫。完全オーガニックの肉や、もぎたて野菜や果物の他、2ポンド(300円)台の自家製ジャムや、作りたての有機ビーフバーガー、ホットドッグのおいしさは特筆。品質と人気の高さが評価され、2008年のファーマーズ・マーケット・オブ・ザ・イヤーに選ばれたほど。農業と街が一体となれば、地方都市は元気になるお手本です。

**Stroud Farmers' Market**
**ストラウド・ファーマーズ・マーケット**

☎+44(0)1453 758 060
㊟Cornhill Market Place, Stroud GL5 2HH
㊑土曜 9:00～14:00
㊛ロンドン・パディントン駅からストラウド駅まで約1時間30分。そこから徒歩約6分。
http://www.fresh-n-local.co.uk/markets/stroud.php

冬なら白菜や大根、夏ならトマトやキュウリといった定番以外に、珍しい季節野菜も豊富。赤トウガラシや手作りのお漬物は、出るとまとめ買いします。

旬の恵みをムダにしない、
東京の産直農家

# 吉野農園

ＪＲ三鷹駅から徒歩圏内にある「吉野農園」は、私が週に一度通う行きつけの直売所です。その日の朝に採れた野菜を取り置きしてもらい、一週間分の野菜をまとめて買っています。毎回山盛りで千円前後と、食費が安く済み、大地の力が含まれた旬の野菜が食べられるのです。葉付きの根菜、柿の葉や冬瓜(とうがん)など街で見かけない珍しい野菜はその都度、農家の方に一番美味しい調理法を教えてもらいます。にんじんの葉は煮浸しにすると美味しいと聞き、早速実践。スーパーでは得られない知識を教えてもらえるのも産直の魅力です。

**吉野農園**

㊟東京都三鷹市
㊒9:00～12:00
14:00～17:00
㊫JR中央線三鷹駅下車北口から桜通りを武蔵境方面に徒歩約5分。

# イギリス産直ならではの果実

「洋なし」と「ブルーベリー」、もぎたては格別です。

## 洋なし

*Pear*

とろけるように柔らかい果肉を一口かじると、強い甘みと爽やかな香りが口中いっぱいに広がる洋なし。16世紀頃からヨーロッパで栽培されるようになり、日本に渡来したのは明治時代。一般的に広まったのは昭和後期頃です。洋なしは早熟の状態で出荷されることが多いため、紙袋などに入れて20度程度の常温で寝かせて追熟させる必要があります。果皮が全体に黄色くなり、香りが強くなった頃に冷蔵庫で冷やしていただきます。

### 栄養と効能

**1 食物繊維が日本のなしの2倍**
洋なしには日本のなしに比べ、2倍の食物繊維が含まれています。整腸作用により便秘を改善し、大腸がん予防が期待できます。

**2 ポリフェノールががんを予防**
ポリフェノールが活性酸素を除去して、悪玉コレステロールと結び付くのを防ぎ、動脈硬化を予防。がんの予防にもつながります。

**3 アスパラギン酸で疲労回復**
疲労回復・スタミナ増強に効果があるアスパラギン酸が多く含まれています。クエン酸も疲労回復を促進。食欲を増進させます。

**4 豊富なカリウムが高血圧を予防**
塩分、水分を体外に押し出す作用があるカリウムが多く含まれていることから、高血圧や腎臓病にも良いとされています。血圧の気になる方はぜひ。

1コッツウォルズでもぎたての洋なしを食べ、天国の味を知って以来、産直の洋なしに夢中です。2グロスターをドライブ中に洋なし直売の看板を見つけ、飛び込んだのがバーマン夫妻の農家でした。34農園を案内してもらうと100本以上の木が。リンゴと洋なしはすべてオーガニックだけに味が濃厚。落ちたものはサイダーに使って一切無駄にしないそうです。5昔ながらの量り売りで1袋7個入りが、なんと40ペンス(60円)。6洋ナシの他プラム畑も見せてくれたミセス・バーマン。

## Lea Court Farm
リー・コート・ファーム

✆+44(0)1452 741 013
㊟Framilode, Gloucester GL2 7LL

# ブルーベリー

*Blueberry*

青色に熟すことからその名がついたブルーベリーは、欧米では昔から食料や薬として利用されてきました。視力回復や様々な症状に効果があるとされているのがアントシアニンという青い色素。元は第二次世界大戦中、イギリス兵士が故郷から送られてくるブルーベリージャムを食べ、夜間でも目がよく見える現象に気づき、帰国後にこの体験を報告。これに興味を抱いた学者が研究を始め、ブルーベリーの効果が広く知られるようになったそうです。

## 栄養と効能

### 1 ロドプシンを助け視力回復

人間の視力に働きかけるのがロドプシンという物質。アントシアニンはロドプシンの働きを高める作用があり、視力を回復させます。

### 2 近視以外にも優れた効果

乾き目や涙目になるVDT症候群、視野が狭くなる緑内障や水晶体が白く濁る白内障も、アントシアニンが血流を促し予防します。

### 3 がん、心臓病、老化を予防

アントシアニンはポリフェノールの一種。がん、心臓病、老化の要因となる活性酸素を抑制する作用が強いことも知られています。

### 4 コラーゲンの合成を促進させる

肌に潤いを与え、体内のあらゆるところで重要な働きをするコラーゲンの合成を、アントシアニンが促進、強化させます。美肌効果も魅力です。

イギリスの主婦が大好物のブルーベリーを食べ続けていたら、視力が0.9から1.5に回復したと聞き、興味を持った私ですが、東京で無農薬のブルーベリー農家を見つけました。バケツ一杯500円の取り放題。あまりに美味しくて感激しました。マンションに隣接する畑の摘みたてブルーベリーは、デザートやジャムにせず、生をそのまま食べること。イギリスでは遊歩道に群生した自然のブルーベリーが夏のお楽しみなのです。

無農薬ブルーベリー

**清水農園**

0422-52-1279
㊟東京都三鷹市上連雀1-16-25
㊪ブルーベリー狩りは7月中旬～8月 15:00～17:30
㊡水曜

## 各地からウォーカーが通う渓谷に囲まれた宿

### 人好き夫婦のおもてなし料理

スコットランド北部、ハイランドにあるジョン&アイリーン夫妻のB&Bはこの日、多くの常連客で賑わっていました。人気の理由は、ジョンさんのガイドで渓谷の縁をウォーキングする朝のひととき。出発前、朝食に出た特製パンケーキは、マッシュルームを挟み、フライドエッグをのせてはちみつをかけたアイリーンさん自慢のメニュー。イングリッシュブレックファストに飽きたゲストに大好評で、これを目当てに訪ねる人も。

夫婦はスタッフを雇って経営していたホテルを売却し、2004年に二人だけのB&Bを始めました。外車のセールスマンだったジョンさんは日本の接客マナーにも精通。また、アイリーンさん

「クルベンベッグ・ハウス」は、Visit Scotland（スコットランド政府観光局）から４つ星認定を受けた最高品質のサービスを保証するB&B。温かなおもてなし、とくに毎晩メニューが替わるアイリーンさんの手作りディナーが大人気。大きな窓から絶景が眺められる4つの客室はバスルーム、インターネットを完備。インバネスまで車で約１時間半です。

## 1時間で完成!
## マジカル・クリスマス・プディング

**材料：**
(A)レーズン150g／パイナップル・チェリー・ジンジャーピール各50g／ブランデー適量　(B)刻んだアーモンド・ナッツ・パン粉・すりおろしたリンゴとにんじん各50g／オレンジの搾り汁と刻んだ皮１個分　(C)バター・砂糖・小麦粉各125g／溶き卵2個分／ジンジャー・シナモン各小さじ1/2／牛乳小さじ2

**作り方：**
❶Aをブランデーに浸して一晩寝かせる。
❷ボールにBを混ぜ合わせ、①を加えてさらに混ぜる。
❸別のボールにCのバターと砂糖をフワフワになるまで混ぜ、残りの材料と②を加えてさらに混ぜ、全体をしっとりさせる。
❹バターを薄く塗った耐熱器にオーブンペーパーを敷いて③を流し入れ、ラップをかけて数か所に空気穴を開ける。
❺電子レンジで加熱する（650ワットのレンジなら20分）。出来上がったら5分おき、耐熱器のきわに沿ってナイフを回し、皿に取り出す。

は元弁護士。元々人好きだからB&B経営は必然、と違う畑のプロだった二人は振り返ります。幸せを祈りながら材料を混ぜるのよ、と教えてもらった電子レンジで作る即席プディングは、来客のたびに作って喜ばれる一品になりました。

### Crubenbeg House
### クルベンベッグ・ハウス

☎+44(0)1540 673 300
㊟Falls of Truim by Newtonmore PH20 1BE
㊕34.50ポンド（5,175円）～
ディナー：18.50ポンド（2,775円）～
http://www.crubenbeghouse.com/

# 夫婦で作る コッツウォルズ家庭料理

チェルトナムから8マイル、地図にものっていない山奥に
ポツンと一軒のB&B。天然の雷鳥が行く手に群がる林道を抜けると、
料理に目覚めたご主人を温かく支える
アンさんがキッチンから飛び出してきました。

## 料理が楽しくて始めたリタイヤ夫婦のB&B

### 新作続々！ 満腹メニュー

「料理を始めたのが3年前。自分の手料理を人に食べてもらいたくて今年から我が家を改装して、B&Bを始めたのです」と話すブライアンさん。エンジニアの仕事をリタイアした後、馬の蹄鉄（ていてつ）作りの職人である息子さんらに、手作りの夕食を提供したことがきっかけで料理の楽しさにのめり込んでいったとか。

　この日、6人グループで訪れた私たちの前には、アボカドとエビのカクテル、ガーリックマッシュルーム、チーズのせサーモン、フィッシュパイにステーキの温野菜添えと、次々に自慢のメニューが運ばれました。すべて地元の食材。ビギナーシェフ、ブライアンさんの太っ腹な盛り付け

## ヘルシーなポーチドエッグトーストの作り方

❶ トーストを焼く

ブレッドを好みの厚さに切ってトーストします。

❷ 卵を準備する

耐水性の紙カップの中に卵を割り入れます。

❸ 半熟卵を作る

紙カップをお鍋に浮かべてぐつぐつ煮ます。

❹ 鍋から取り出す

半熟卵は白身が半透明になったら出来上がりです。

❺ 卵をのせる

半熟卵をトーストにのせて切り込みを入れ、黄身をトロッと流しいただきます。

完成！

自家製ブレッドもおいしいこの宿では、夕食は暖炉の暖かなダイニングルーム、朝食は田園が望めるブレックファストルームでいただきます。客室はダブルルーム1室、ツインルーム2室と小ぢんまりとした宿。道中、雷鳥が次々とあらわれるほどの山奥です。

アンさんの洋なしコンポートも大評判です。

は特筆です。朝食の卵料理も嬉しいオイルフリー。料理のレシピを親切に教えてくれるのも、第二の人生にB&Bを始めた夫婦流のもてなし方でした。

### Needlehole Forge
ニードルホール・フォージ

☎+44(0)1242 870 531
㊟Hilcot, Upper Coberley, Cheltenham GL53 9RD
㊕32.50ポンド(4,875円)～
ディナー：15ポンド(2,250円)～
http://www.needleholeforge.co.uk/

What a wonderful idea !

# ポーランドの村へ！

イギリス
だけじゃない
豊かなものは
みんなタダ！

1

### リンゴも プラムも 取り放題

田舎道を歩いていると遭遇するのがリンゴやプラムの果樹。それをもいでタダでいただくことができるというのは、さすが農業大国ポーランド。実はポーランドの人々は果物が大好き。販売されているフルーツジュースは、いちご、くろすぐり、さくらんぼなど日本の比にならないほど種類が豊富です。ちなみに、ポーランドの国土の約60%は農地で、国民の40%が農村に住んでいます。農業・食品加工産業はポーランドにとって重要な経済部門なのです。

## お金をかけず 暮らしを楽しむ

ロンドン・ヒースローから2時間弱、
豊かな自然に恵まれた美しい国、
ポーランド。
数年前、イギリスから足を延ばした私は、
ポーランドの村の素朴な
暮らしぶりに圧倒されました。
たとえば道路脇に実るリンゴやプラム。
人々はそれをごく当たり前に
もいで食べるのですから、
果物好きな私にはうらやましい限り。
こんなお金をかけず暮らす知恵は、
自分で建ててしまう家にも発揮されて、
イギリス農家の延長に
ヨーロッパがあると実感できるのでした。

### 疲れ目にカモミール

2

ポーランドはハーブが豊富な国としても知られています。とくに多いのは、ハーブティーで有名なカモミールを栽培している農家。カモミールから作ったジェルを目に塗るのは、昔から伝わる民間療法。疲れ目のとき、まぶたに少量塗るとスッキリします。

カモミールの名はギリシャ語で大地を意味する「Khamai」、リンゴを意味する「Melon」からきていて、花を手ですりつぶすと青リンゴの香りがします。スリーピングティーとして日本でも人気があります。

コンクリートの色は濃いグレー。目地材がコンクリートの表面にも広がって、決して綺麗に仕上げようとは思わないところが素朴で良いところです。

4

## みんなで家を建てる

コニアコフ村では、コンクリートブロックを積み上げて造る家をあちこちで見ることができます。家づくりは近所の人が総出で手伝い、1ヶ月程度で出来上がります。完成した家は目地材や塗り込み方が粗く、まるでイギリスの古い家のような風格。安価なコンクリートブロックを見直しました。

ナナカマドの赤い実は、田舎に行けばいたるところで見ることができます。

3

## ナナカマドで首飾りを作る

ポーランドの子どもたちは、ナナカマドの実を首飾りや腕輪などオシャレの道具にする遊びを知っています。また、お酒の原料としても欠かせません。「ヤルジェビアク」というピンク色の美しいウォッカが有名です。

5

## 1泊700円！ 物価の安い村の格安民宿

山里の民宿では東欧の独自の伝統文化や人々の暮らしを垣間見ることができます。驚くのは宿泊費の安さ。私が泊まった宿はなんと700円。セルフサービスで食べられる朝食が付き、手作りの果物ジャムやヨーグルト、卵料理からチーズまで、地元の味覚をたっぷり堪能できました。

Koniakow

# コニアコフ

クラクフから車で約3時間。チェコとの国境沿いの山中にある小さな村。

ルーマニアとハンガリーからやってきたナボシュと呼ばれるコニアコフ村の住民の祖先は、ポーランドの南東部に広がるカルパチア山脈で、外部とほとんど接触せずに暮らしていました。ポーランドの人々からは「山の人々」と呼ばれています。ロマの親戚で黒髪が特徴です。

ポーランド政府観光局　http://www.poland.travel/ja/

6

## 1年越しで作るかぎ針レース

村の女性たちによるレース作りはこの土地に古くから伝わる手工芸。太陽やぶどう、花など自然をモチーフにした繊細な模様が、大きなものなら1年という時間をかけて編まれます。芸術的なコースターやテーブルマットなどが、1,000円前後。作り手はゆっくり製作を楽しみ、買い手も質の高いレースを1,000円前後で購入でき、両者共に潤うスタイルなのです。

Column

### 果物はポーランドの主力商品

ポーランドの主要な農産物輸出品は、果物（いちご、ラズベリー、くろすぐり、リンゴ等）です。ほかに、食肉・肉加工品、果物加工品、牛乳・乳製品、野菜など。国土に平野が多く、農業は昔から盛んだったのです。

## 各国別一人当たりの茶消費量

（人口 100 万人未満の国は省略　世界平均は 0.47kg）
（注）お茶（緑茶、紅茶、半発酵茶）の国内食用供給量を人口で割って算出。
出典：FAOSTAT SUA (Supply Utilisation Accounts),2006 年 8 月

**なんと、イギリスは日本の約２倍**

各国の一人当たりのお茶の消費量のグラフ。グルジア、アイルランドに次いでイギリスは3位。日本は近年お茶ブームが再燃していますが、イギリスに比べると半分以下であることが分かります。

# 農夫のカロリー源

## ヴィクトリア時代に始まる

# ワーキングクラスと紅茶

**紅茶といえば、サロンで優雅なティータイムを過ごす、アッパーなイメージ。そんな気品を感じさせるこの飲み物を、本国イギリスで一番愛飲しているのは、実は、上流階級ではなく農夫など、ワーキングクラスの人々でした。**

### 紅茶消費大国イギリスのティーブレイクの光景

イギリスでは、仕事の合間やランチタイムに紅茶、とくにミルクティーがよく飲まれています。それも、小さなカップでアフタヌーンティーを楽しむというより、大きなマグでゴクゴクと飲み干すような、ラフなスタイルが一般的。また、かつては、夕食をワインでなく紅茶で頂く習慣もありました。

マグにたっぷり注いで紅茶を飲むのが、イギリス一般人の紅茶の飲み方。

もともとコーヒーハウスで売られていた紅茶。庶民の間ではカフェで紅茶を飲むのも一般的。

**英国紅茶の歴史**

- **1610年** オランダが日本の緑茶をヨーロッパに持ち込む。
- **1657年** ガーウェイズ・コーヒー・ショップがロンドンで初めて茶販売を開始。
- **1660年頃** ポルトガルからチャールズ2世に嫁いだキャサリン王妃が、茶文化を紹介する。
- **1705年** イングランドでの年間お茶輸入量が30万kgに。
- **1823年** インドのアッサムで、イギリス人のブルース兄妹が野生の茶の木を発見。この茶葉をベースに紅茶製造方法が確立される。
- **1840年代** ベッドフォード公爵夫人アンナがアフタヌーンティーを提案。

茶文化をイギリスに紹介したといわれるキャサリン王妃。

### カロリー補給で普及した農夫のミルクティー

17世紀に上流階級の間で広まった紅茶は、産業革命以降、貧しい農村でも飲まれるようになりました。農夫たちは厳しい労働の中、パンとじゃがいものみの質素な食事を補うカロリー源として、お砂糖とミルクを入れた紅茶を飲んでいたのです。

**貴族から庶民にまで愛された英国紅茶**

ヴィクトリア朝が最盛期を迎えた19世紀、紅茶は貧困層にまで広がりました。当時は、お茶を一度冷ますため、ソーサーに移して飲まれていました。本来、ソーサーはそういう使われ方をしていたのです。

**英国庶民を描く**
**ン・ローチの映画**

「ザ・ナビゲーターズ」(2001)

**ケン・ローチ監督**

労働者階級をテーマとした作風が多いイギリスの映画監督。主人公たちが何気なく紅茶を飲む姿が、たびたび登場します。

英国紅茶の第一人者に聞いた

# ワーキングクラスにとっての紅茶とは

**ワーズワスやキーツ研究で知られる英文学者の出口保夫さんは、イギリスや紅茶についての著書も多く執筆する"英国紅茶の第一人者"でもあります。そんな出口さんに、労働者階級と紅茶の関係をお話しいただきました。**

英文学者
**出口保夫**（やすお）さん

ワーズワースやキーツ、夏目漱石などの文学研究と並行して、英国紅茶を始めとするイギリスの生活文化を我が国に幅広く紹介、80年代英国ブームの火付け役として知られています。著書に、『英国流、質素で豊かな暮らし方 -＜一杯の紅茶＞を毎日淹れる幸福論-』（2007年柏書房）などがあります。現在鎌倉在住。

## 茶葉と牛乳がたっぷり入った紅茶を持ち歩く習慣

濃いめの紅茶にミルクをたっぷり入れて飲むのが、英国流。1960年代、初めてイギリスを訪れた出口さんは、宿泊先のB&Bの朝食で出されたミルクティーを飲み、それを実感したと言います。当時の日本は薄いレモンティーが主流。一方、一口で目が覚めて、元気が出るミルクティーは、その対極です。「高カロリーが求められる庶民の食事は、濃いミルクティーが好まれる。そもそも紅茶は、忙しいワーキングクラスの人々にとって、唯一の安らぎだったのです」

朝11時に乗ったロンドンの地下鉄で、運転士が片手にマグカップを持って運転している光景に驚いたとか。新聞販売人も11時になるとポットの紅茶を優雅に飲むのだと言います。「繁忙期、農家の人々は簡素な食事を紅茶で流し込むように食べていました。それもまた、英国流なのですね」。

鎌倉にある出口さんの書斎にて、英国流ミルクティーをいただきました。茶葉はウェッジウッドの「ファイン・アフタヌーン」。爽やかな風味とこくのある味わいが午後の休息にぴったりでした。

話題の既刊

**『新 私のロンドン案内』**

出口保夫 著
ランダムハウス講談社
714円（税込）

古都ロンドン。女王陛下の町であり、個性的な博物館・美術館を有し、文学者たちが彩りを添えています。そんなロンドンの名所をまわり、疲れたらパブで一服。元気を取り戻したら、お目当てのショッピングと、お楽しみ一杯の案内記！

Column

### ミルクと紅茶 先に注ぐのはどっち？

ミルクティーを作る時「ティーカップに注ぐのはミルクが先か紅茶が先か」あなたはどっちですか？　実はこの論争、イギリスでも長年続いています。専門家たちのコラムが有力紙に顔を出すほどです。

出口保夫さんに聞いた

### 英国紅茶を楽しむヒケツ

*—How to make A Nice Cup of Tea—*

**1 お気に入りのポットで**

もちろん、マグにティーバッグでも紅茶を楽しめるが、紅茶は安らぎのひととき。どうせならお気に入りのポットで。

**2 濃い茶をつくる**

たっぷりと濃い茶をつくるのがイギリス紅茶の基本。お茶の持つ覚醒作用、リラックス作用を最大限に引き出したいもの。

**3 冷たいフレッシュミルク（生乳）で**

温めないで、冷たいミルクをたっぷり入れる。熱い紅茶もほどよい温度になって飲みやすく、ミルクの風味も落ちない。

**4 毎日お気に入りの紅茶を**

コロコロ違う種類を試すより、お気に入りの紅茶を自分で見つけて、それを毎日楽しむのが、ティータイムを家族に根付かせるヒケツ。

# 倹約ティータイム

工事現場で働いている作業員の男性がくつろいでいました。

カメラを向けると路上作業員風のお客さんが気さくに反応してくれました。

●バービカン

## The Gategrill House

ザ・ゲートグリル・ハウス

### 金融街の庶民派カフェ

### 焼き立てパンが絶品 朝から満席の人気店

ロンドンの金融街の中心地にあるカフェ。近くの工事現場などで働く男性客たちで朝から賑わいます。こだわりは職人が毎朝焼くという食パン。イギリスには珍しい厚めの白パンはフカフカでとても美味しいです。

この店の tea

銘柄は、イギリス人なら誰しも知っているブランドのドゥルーリー。80ペンス（120円）。

近くにあるスミスフィールド・マーケットは、ロンドンでもっとも歴史深い食品マーケットの一つ。

フルイングリッシュブレックファスト、パン付き（写真）5.50ポンド（825円）。

☎+44(0)2072 536 943
㊟126 Aldersgate street, London EC1A 4JQ
㊪月～金曜6:00～15:30、土曜6:00～13:30
㊡日曜 ㊋バービカン駅下車、徒歩約3分。

お腹をすかせた客の注文を受け、ベーコンエッグやトーストなどをテキパキと調理する店員のムサさん（写真右）たち。

ジャケットポテト、シーフードミックス（エビとカニカマ入り）4.5ポンド（675円）。

この店の tea

ディーバッグでサーブされる紅茶。一杯1ポンド（150円）。

マーケット関係者などでいつも混み合っている店内。

### 好みの濃さで飲む紅茶と食欲をそそるメニュー

バラマーケットのすぐそばにあり、マーケット関係者や外国人観光客の姿も多く見られるお店。人気はイングリッシュブレックファスト。紅茶はイギリスらしくティーバッグ入りでサーブされるので、好みの濃さに調節できます。

●ロンドンブリッジ

## Cafe Rossi

カフェ・ロッシ

### 創業 50 年の老舗

ロンドンのランドマーク、ロンドンブリッジ至近のこのエリアは、多くの観光客で賑わいます。

☎+44(0)2074 073 718
㊟57 Borough High Street, London SE1 1NE
㊪月～金曜6:00～17:00、土・日曜8:00～17:00
㊡無休
㊋ロンドンブリッジ駅下車、徒歩約3分。

ここに店を構えて50年になるという、オーナーのスティーブさん。

労働者の話すコックニー訛りと外国語が入り交じる店内。

イングリッシュブレックファストや、ローストターキーなど食欲をそそるメニューの数々。

# ロンドンの庶民派カフェ、

農家でいただいた濃厚なミルクティーと料理が味わえるカフェをご紹介します。

サンドイッチのメニューが豊富。人気はソーセージサンドイッチ。2.20ポンド（330円）。

大手ブランドではなく、紅茶輸入業者から直接購入した茶葉を使用。一杯60ペンス（90円）。

## 耳付きサンドにミルクティーが人気

地元老人の憩いの場として20年以上続く同店は、駅前で昔ながらのミルクティーを提供。新聞を読みつつ紅茶をすするおじいちゃん。耳付きのサンドイッチにミルクティーが、定番という素朴さです。

●アクトンタウン

## Acton Town Cafe

アクトンタウン・カフェ

### リタイヤ組の憩いの場

カウンターで注文してからテーブルにつくのがワーキングクラス・カフェの常識。

アクトンタウン駅のすぐそばにあるため、待ち合わせ場所としてよく利用されています。

☎+44(0)2089 925 897
㊟6 Central Parade, Gunnersbury Lane, London W3 8HL
㊖月～土曜7:00～19:30
日曜9:00～16:00
㊛アクトンタウン駅下車、徒歩すぐ。

●ヴォクソール

## PARMA CAFE & Restaurant

パルマ・カフェ&レストラン

### 中心部の庶民派カフェ

濃い目に淹れてあるのに、えぐ味のない紅茶。70ペンス（105円）。

## 豊富なフードメニューと濃厚な紅茶が自慢

濃いのにスッキリした後味の紅茶が特徴のこのお店は、定番のフィッシュ&チップスなどの他、イタリア軽食やケバブなど、フードが充実したカフェ。庶民の節約的外食がのぞけます。

定番のフィッシュ&チップスはもちろん、ケバブやハンバーガーといった労働者向けのファストフードなども人気。

この店で働いて12年になるという、ウェイトレスのヒルダさん。

親切なサービスと良心的プライスが受けて、開業早30年。

ベーコン&チーズオムレツ、Bubble& Squeak（オムレツの横のポテト）付き（写真）4.50ポンド（675円）。

オーナーがイタリア系ということもあって、店内もそれとなくイタリアンな雰囲気。

☎+44(0)2077 353 349
㊟316 Kennington Lane, London SE11 5HY
㊖7:00～17:30 ㊡無休
㊛ヴォクソール駅下車、徒歩5分。

*Get Creative With Favourite Clothes*

## お気に入りをずっと着る

# リメイクアイデア

近年、衣服のリメイクやリペアー、カスタムオーダーなど、
「今あるものをよりよく着る」ための
専門店が需要を伸ばしています。
次々とうつろう流行や大量生産による画一的なもの、
そんな衣服をワンシーズンで使い捨てることに
見切りをつけて、いま再び、
人とモノの距離が近づいてきているのかもしれません。

COLUMN

## イギリス人とリペア（お直し）

19世紀のイギリスでは、衣服は階級の象徴。仕立て屋に注文して手縫いで作らせる豪奢（ごうしゃ）な衣服を着用できるのは、王侯貴族か裕福な商人のみ。一般庶民はお下がりの古着を入手し、自分に合ったサイズに直して着ていました。一着の衣服が大切に扱われた時代でした。

# 白いコートのシミを隠す
# キラキラアップリケ

**愛用の洋服がシミのために着られなくなるなんて、とても悲しいこと。虫食いも冬物衣類の大敵。お気に入りのセーターやコートをいざ着ようと取り出したら穴を発見! なんて悲惨なことも。諦めたくない、手放したくない。想像力を駆使すれば、いくらでも素敵なリメイクアイデアは出てくるものです。**

## シミのついた白いコートがゴージャスに生まれ変わる

ダークな服装が増える冬場に、パッと華やかな印象をもたらしてくれる明るい色のアウター。私は好んで真っ白なアンゴラのコートを着用していました。実はこれ、バーゲンにて最終値下げで叩き売られていたもの。とても5000円とは思えない滑らかな肌触りに、美しいシルエット。良い買い物をしたと喜んだものです。

しかし、淡い色の洋服の難点は汚れが目立ちやすいところ。私はこのお気に入りのコートにも、案の定シミをつくってしまいました。しかも一番目につく襟元に。まだまだ着続けたい。そんな思いを胸に、アイデア豊富な手仕事の先生、松井さんを訪ねました。修繕されたコートは、冬の晴れ間にキラキラと輝く雪の結晶を思わせる、スワロフスキーとレースのアップリケが襟元にふんだんにあしらわ

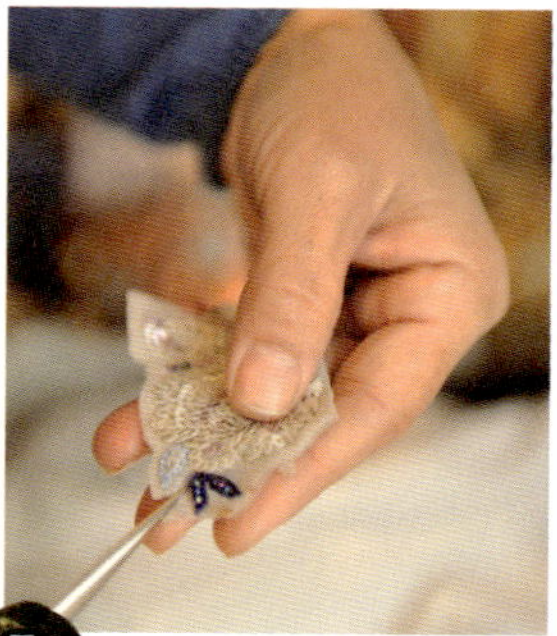

### 1 レースをカットする

ビーズレースの花をアップリケより5㎜ほど大きめにカットしていきます。コートの上に置いて、出来上がりのイメージを固めます。

### 2 縫い付ける

アップリケの色はコートに合わせて白系の明るいトーンのものを選び、刺して付けていきます。糸がコートの裏地や裏側に出ないように注意しましょう。

### 3 きれいに縫うために

カーブがきつい箇所はハサミで切込みを入れながら縫い付けていきます。V字にカットした部分の頂点はとくにほつれやすいのでしっかりと糸で補強するのがポイント。

れた、特別な一着でした。
そういえば、農家のご主人が奥さんに編んでもらったセーターの肘をパッチで繕ってもらっているのを見て、「作り込んだ服」は新品以上だと感心したものです。
私のコートにも同じ思いが注ぎ込まれました。

## 4 スワロフスキーをあしらう

スワロフスキーを糸で留めていく作業です。４㎜のスワロは中心から糸を出し、糸が左右対称になるように気をつけます。

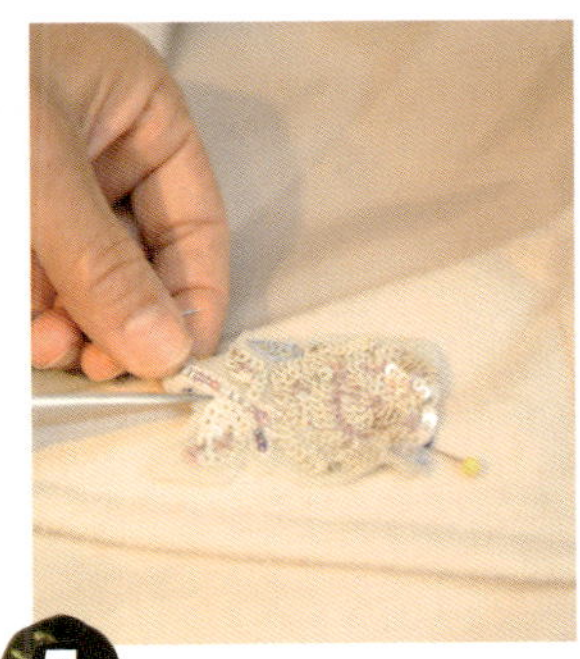

## 5 スパンコールでお花をつくる

お花の部分は中心にスワロフスキーを刺し、5㎜の白いスパンコールを「連続刺し」することでお花の形を作ります。

## 完成!!

キラキラアップリケのコートの出来上がりです。

## ボタンマジックでユニクロを おしゃれに変身させる

### ユニクロのカーディガンが ボタンひとつで大変身

安価でデザインもそこそこ、品質もブランド品と違わない、そんな服を誰もが手にすることのできる時代になりました。私も肌寒いときにユニクロのカーディガンは重宝させてもらっています。ただし、現代におけるファスト・ファッションの功罪は、服が昔よりスピーディーな消耗品になってしまったこと。だから「買っては捨

### お花畑カーディガン

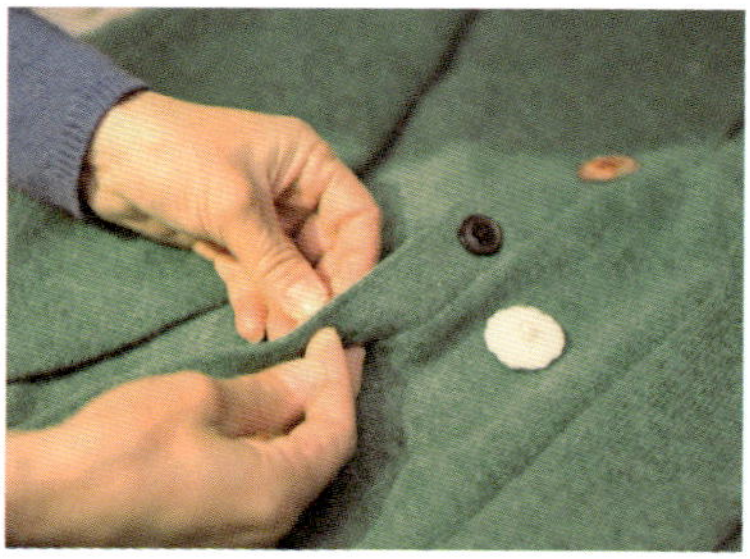

一つひとつボタンを付け替えていく作業です。ダーク・カーキのニット地に表情豊かなボタンをあしらえば、お花畑を思わせる、春が待ち遠しくなるような愛らしいカーディガンの完成です。

### アンティークニット

日本では滅多に手に入らないというオーロラカラーのボタン。松井さんに見せてもらい一目ボレ。

てる」に歯止めをかける、リメイクブームは至って自然な流れともいえるのではないでしょうか。たとえば、Tシャツの首元をレースで縁どったり、ブラウスのボタンをカラフルなものに替えたりするだけで、使い捨て感覚がぬぐえない大量生産の服、一着一着が、特別なものに変わります。

今回は、ユニクロのカーディガンにちょっとしたリメイクを施してもらいました。ラムのカーディガンには花の形を模したボタンを並べ、カシミア混のカーディガンの開き部分に付いていたプラスチック・ボタンは素敵なチェコのガラスボタンに付け替え、袖口にもあしらいました。

なにも難しいことをしたわけではなく、ボタンを替えただけ。自分だけのカーディガン二着が誕生です。

こんな風に小さな工夫に大きな満足が得られれば、それがごく自然に節約へつながるのです。

## 欧州アンティークレース&ボタンの常時セール棚やお直し相談も大人気

JR吉祥寺駅の喧噪から少し離れた閑静な住宅街にある小さなお店「アメリアトレーディングカンパニー」。休日には遠方より訪ねてくる人もいるという知る人ぞ知る人気店。店内に並ぶのはヨーロッパのアンティークレースやリボン、チェコから取り寄せた一点モノのボタン、ビーズなど。およそ100種類は常時揃っているとか。オーナーの松井さんは「まるで宝石箱の中にいるみたいで毎日幸せ」と話します。1800年代モノのほか1900年代のアンティークリボンは10cm100円単位で買えてしまう安さも魅力です。商品入れ替えのため随時セールも開催している上、お直しの相談にものってくれます。

*Amelia Trading Company*
**アメリアトレーディングカンパニー**

☎0422-55-7268
㊟東京都武蔵野市吉祥寺北町3-8-30
㊔11:00～17:00
(外出することもあるので事前連絡を)
㊡水、日曜
http://www.ameliatrading.com/shop.html

# オーロラボタンのふるさと

COLUMN

## チェコのボタンを生んだガラス器

チェコはその地理的位置により、ヨーロッパの重要な商業交易のルートとして何世紀もの間、交易の十字路となっていました。その結果、世界中の学者・芸術家が集まる場所となり、チェコ独自の文化が発達しました。チェコのガラス産業は9世紀頃から始まり、ボヘミア王国時にステンドグラスやガラス器などにも使用されるようになりました。17世紀、宝石のカッティング職人が宝石をカットする技術をガラスに適用することを思いつき、以降、バロック様式の装飾的なガラス細工の技術が完成し、現在でもチェコの重要な産業の1つとなっています。

ファイヤーポリッシュを始めとした美しいビーズや、個性的なボタン。職人の手の温もりが感じられるチェコのガラス製品がとても気になるこの頃です。

チェコ政府観光局　http://www.czechtourism.com/jpn/jp/docs/holiday-tips/news/index.html

# カーテン生地で作る
# エプロン&ドレス

**部屋の中でも多くの面積を占めているのはカーテン。
カーテンを替えるだけでその部屋の雰囲気はガラリと様変わりするもの。
イギリスの布屋さんを巡る中で、私はそんなカーテン生地の
魅力にすっかりとりつかれてしまいました。
日本では見かけないような、大胆な色使いやぽってりとした手触り。
そして安さに「これで服を作りたい!」と、胸を躍らせました。**

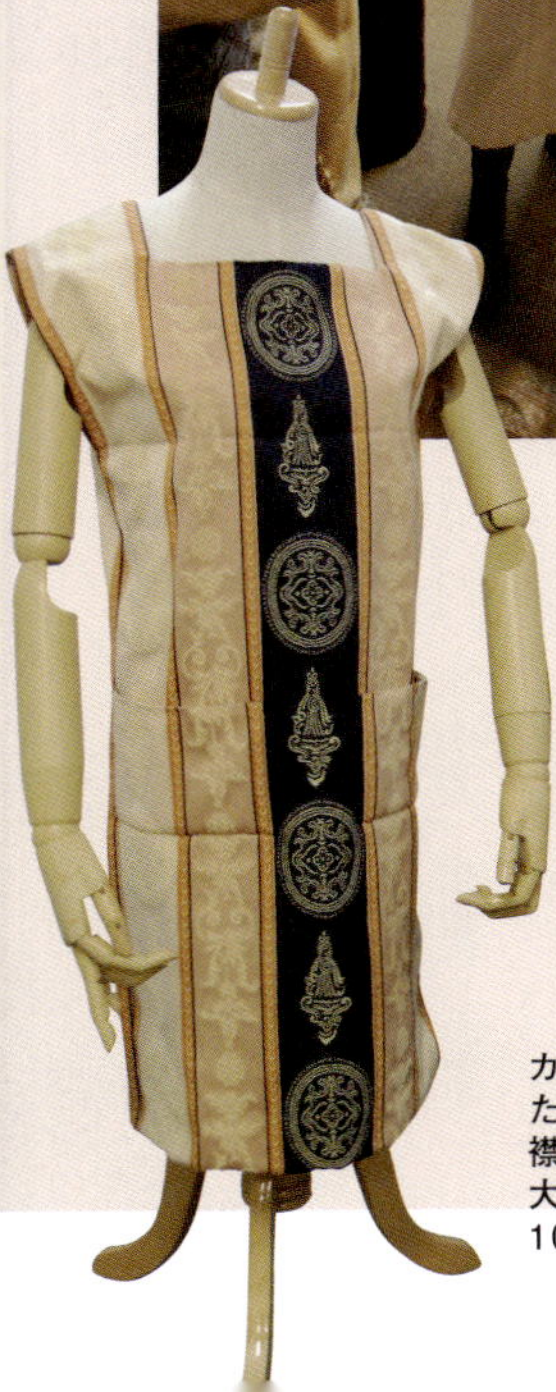

カーテン柄に沿って直線断ちにカットしたエプロンドレス。スクエアカットの襟元はタートルがきれいに見えます。大きな仕切りのあるポケットが2つ。綿100%のエレガントなエプロンです。

## インテリアだけじゃもったいない<br>肌身にまといたい魅力的な生地

　私はなぜ、数ある生地の中でもとりわけカーテン生地に目を奪われたのでしょうか。カーテン生地というと、硬い質感を持ったインテリアにしか向かないようなものを想像される方も多いことでしょう。ですが、イギリスの布屋さんに整然と並べられ、眠っていたカーテン生地の一つひとつに目を向けると、中にはカーテンにするだけではもったいない！　これで素敵な洋服が作れるのでは、と思えるような柔らかな美しい質感の生地がありました。生地特有の光沢感は、深く優雅なドレープをイメージさせ、うっとりと見入りながら「この生地を使って何か出来ないだろうか」と手に取ったのでした。『風と共に去りぬ』、そして『サウンド・オブ・ミュージック』。私が昔からこよなく愛する不朽の名作映画です。マーガレット・

# 「カーテンで服作り」、原点はこの二本の映画

**サウンド・オブ・ミュージック**
20世紀フォックス　ホームエンターテイメント　ジャパン
1965年アメリカ。監督：ロバート・ワイズ、脚本：アーネスト・リーマン、出演：ジュリー・アンドリュース、クリストファー・プラマー他。1965年第38回アカデミー賞5部門受賞。

歌を愛する修道女見習いのマリアは、トラップ家の7人の子どもたちの家庭教師となる。軍隊式の規律で守られた厳格な家庭に戸惑うマリア。だが持ち前の明るさと歌で、子どもたちの心を開いていく。家族愛を描いたミュージカル映画の名作。

**風と共に去りぬ**
ワーナー・ホーム・ビデオ
DVD 2,100円（税込）
1939年アメリカ。監督：ビクター・フレミング、製作：デビット・O・セルズニック、出演：ビビアン・リー、クラーク・ゲーブル他。1939年第12回アカデミー賞9部門受賞。

時は南北戦争が始まろうとする直前。大地主ジェラルド・オハラの長女スカーレットは激しい気性と美貌を持つ情熱的な女性。複雑に絡み合っていく人間模様、そして開戦。激動の時代をたくましく生きた女の姿が壮大なスケールで描かれている。

ミッチェル原作の『風と共に去りぬ』の作中には、主人公スカーレット・オハラが即席でカーテン生地を用いたドレスを作るワンシーンがあります。深い森のようなグリーンのベルベットがたっぷりと使われた見事なドレスでした。『サウンド・オブ・ミュージック』でも同様に、主人公マリアが子どもたちにカーテン生地で遊び着をこしらえるシーンがあり、印象深く私の中に刻まれていたのでした。

南北戦争により困窮したスカーレットのカーテン・ドレス。子どもたちを思いやって作られたマリアのカーテン・子ども服。物資不足の中で少しでも豊かに生きるために凝らされた工夫に、いたく共鳴させられたことを覚えています。

## 簡単 半日で完成!

# エレガント カーテン・ワンピースの作り方!!

### ① デザインを考え、製図する

私が選んだのは、下手をすれば暑苦しい印象を与えてしまうような重厚な質感の生地。それを清楚で優雅な洋服に仕立て上げるため、身体のラインに自然に沿うシンプルなデザインが考案されました。

### ②製図を元に型紙を起こす

ウエスト周りをすっきりと見せるため、**ダーツ分**が比較的多めにとられています。規則的に配置された柄の美しさを損なわないよう、身頃以外のパーツには直線的なパターンが採用されています。

### ③ボタン位置を決める

このワンピースに華やかさを添えてくれているのが、私がイギリスのマーケットで出会ったアンティーク・ボタン。さりげないアクセントとなるように、製図に合わせながら出来上がりをイメージします。

## 生地に導かれるまま完成したお気に入りのワンピース

日本への帰国後、私は洋裁を得意とする友人を訪ね、イギリスで買ったダマスク織のカーテン生地でワンピースを作ってもらうように頼みました。学生時代に服飾を専攻し、ウィリアム・モリスから始まる近代デザイン史を学んできた彼女は、私が持ち帰った大量の生地に目を輝かせました。モリスのアーツ・アンド・クラフツ運動を筆頭に、伝統や文化に培われたデザインや織り、その優れた品質と技術の賜物に触れると、瞬間的にワンピースのデザインが出来ていったとか。型紙起こしから裁断、縫製、幾多もの工程を経て完成したワンピースが私の元に届くまで、二日とかかりませんでした。生地の持つ魅力に導かれるままに一気に作られたこのカーテン・ワンピースは、今、私のお気に入りの一着として活躍しています。

## ④柄使いを考える

もともとがインテリア用であるため、一般的な服地に比べると一つの柄が大ぶりで、どの部分を使うかによって印象が変わってきます。今回は、シンメトリックなデザインの柄の良さを生かすことを第一に考えました。

## ⑤型紙を生地の上に置いてみる

生地の上に型紙を並べ、限りある分量の中にすべてが収まるようにしていきます。ここでも常に、柄の位置を意識しなければならないので、大きな柄の布で服を作るときはなるべく多めに買っておくといいでしょう。

## ⑥生地に型紙の線をトレースする

型紙を生地にトレースする方法はいくつかあり、厚地の場合には糸と針を使って型に沿わせる「通しじつけ」や「切りじつけ」が最適ですが、より手早く簡単にできる方法は、やはりチャコペーパーを用いたトレースです。

## ⑦縫いしろ分を残して裁断、縫製へ

厚地のため縫いしろを多めにとり、裁断していきます。継ぎ目が厚ぼったくならないように、角の部分はV字にカット。裁断を終えたら身頃脇、肩、スカートの順で縫い線に沿って縫製していきます。

## ⑧切替布、ボタンを付ける

ウエスト部分と襟元の切り替えに効果的に使われた黒い綿サテン。これは友人が日暮里の問屋街で見つけてきたメートル100円のもの。重厚なカーテン・ワンピースが引き締まった印象に。

## 完成

私のアンティーク・ボタンのコレクションから悩みに悩んでチョイスされたボタンを、全体のバランスを考えながら一つひとつ手で縫い付けていく作業をもって、エレガントなカーテン・ワンピースの出来上がりです。

お直しは節約の王道
英国で見つけたバッグや靴を修理して使い続けています

# 職人工房

*Shokunin kohbou*

価値あるものに愛情を注ぎ、大切に使い続けるイギリスの人々は、靴やバッグなどの身近なものも、時には2世代にわたって使い続けます。たとえ傷んでもお直しをする習慣が定着しているからです。

上等なものを毎日のように使うと、使用頻度が高い分、傷みも早くなります。そんなとき、気心の知れたお直し屋さん「リペアショップ」を知っていれば、安いものを次々と買うことに歯止めがかかり、整理にもつながります。

私も愛用しているバッグの金

具が取れたり、靴底が磨り減ると『職人工房』に修理を依頼しています。創業40年のこのお店は仕上げが丁寧で信頼でき、他店では受け付けてもらえない、修理に長い期間を要する海外品などにも迅速に対応してくれます。

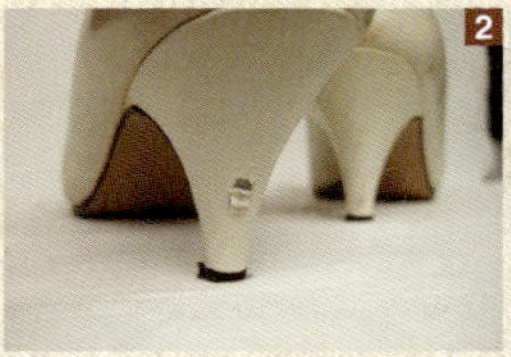

1新しく張り替えた革靴の靴底は、丁寧に縫い上げます。23婦人靴は新しい革で巻き替え、すり減ったヒール部分を交換して新品同様に修理。

イギリスで買ったお気に入りのクラークスのブーツは、かれこれ10回くらいヒールを替えてもらいました。毎回、新品同様に直してもらうたび、足に馴染み、職人の技術の高さを実感しています。

456バッグのちぎれてしまった革ひも部分や外れてしまった留め具部分、ボロボロになった内部も、出来るだけ近い素材で再生させます。これならブランド物も安心。

## 職人工房（本社）

☎043-258-8934
FAX043-257-8006
㊟千葉県千葉市花見川区柏井町800-5
http://www.shokunin-k.co.jp/
本社での修理は受付ていません。
お問い合わせはOK。

*Hidden Treasures*

## 植物と水 家庭の美容学

# ホームレメディで美しく

お金や手間をかけず若々しくをモットーに、
人生の真ん中に立った私ですが、多忙な毎日にお肌のお手入れは行き届かず。
そんな私が英国で見つけた朝晩、あらゆるところに塗るだけの
シンプルなバラのクリームをご紹介します。

## 秘伝のレシピ
# 美肌づくりにお金はいらない

イギリスの家庭で継承される「おばあちゃんの知恵袋」――ホームレメディ。風邪をひいたとき、やけどを負ったとき、植物や薬草を用いた家族のみが知る処方箋が活躍します。日本にも残る生活の知恵を知るにつけ、若さや健康を保つことにお金はいらないと、ますます思うのです。

1 農家はホームレメディの宝庫でした。ヨークシャーにて。 2 大変な美容成分が入った米のとぎ汁。 3 雑誌などの撮影前、メイクしていただくこともありますが、普段化粧をしないため肌への負担が心配でした。

### 米のとぎ汁洗顔から バラや大麦を配合した 手作りクリームまで

以前、日本一長寿といわれる棡原(ゆずりはら)村で野良仕事をするおばあちゃんの肌を見てショックを受けました。炎天下の中、すっぴんで毎日畑に出る80代のその人の肌はシミ一つなく、玉のようにつややかに光っていたからです。室内で

4 5 ピーターさんの自宅の一角には家族の写真。アトピー治療の専門家であるピーターさんは、語学留学で渡英していた25歳以上年下の日本人のひろみさんと出会い、彼女に英語を教えたことがきっかけで交際、結婚。現在は11歳の娘のニーナちゃんと3人暮らし。ピーターさんの化粧品作りをひろみさんが事務などのサポートで支えています。6 ローズクリーム製作者で、丁寧な物腰のピーターさん。

## 素肌に良いものは
## 日々の糧や野の草花の中にある

机に向かう私の肌は、年々くたびれてきているというのに。化粧品など使ったことがないおばあちゃんは、嫁いで以来、何もつけたことがなく、朝晩米のとぎ汁で顔を洗っていたそうです。

聞けば米のとぎ汁に含まれる細かい粒子が、肌の角質をツルツルにしてくれる他、米ぬかのオイルがメラニン色素の沈着を防いでくれるため、シミも出来づらいそうです。またとぎ汁には、話題のポリフェノールの一種、フェルラ酸も含まれているため、お肌の老化を予防してくれるのです。

「お米をとぐとき、最初に出る乳白色のとろりとしたとぎ汁を取り分けて、シミのある部分に直接つけて、優しくなでると良いのよ」と、帽子もかぶらないおばあちゃんの話に、私は何とムダなことをしていたのだろうと、ため息をつきました。

イギリスでも「米のとぎ汁」のようにお金をかけず、身近なものを取り入れる美容・健康法はあります。たとえば使い切った紅茶の出がらし洗顔。出がらしが良いのは、カフェインが抜けてカテキンが出やすくなるからとか。使用後のティーバッグでまぶたをパックすると疲れ目にも良いそうです。

このように残り物を使い切る他、草花やハーブの滋養を取り入

日本に送ってもらったローズクリームP120（上）は、15種類の植物を使ったもの。一つ30ポンド（4,500円）。蓋を開けると粘土色のクリームからは、主原料のブルガリアローズのかすかな香りが。オーダーはまずメールから。

ピーターさんがクリームやオイルを調合する部屋。元は階段の踊り場だったところを、改装したそう。約60種類の植物の抽出液や、すでに調合したボトルが並んでいます。

# 古の薬草学を思わせる調合室は自宅の小部屋

ピーターさんの自宅診療室。香港在住のイギリス人女性からも、子どもの頃からあった口の中の湿疹がローションですっかり治ったと喜ばれたそうです。

れることにかけて、自然と親しむイギリスの人々は上級の腕を持っているといつも感じます。これもウォーキングやガーデニングで、日頃から草花に囲まれて暮らしているせいでしょうか。

チェルトナム在住のピーター・ウルフィンガムさんもその一人。大学で教鞭をとっていた約25年前、彼は植物抽出液を研究し、植物性を売りにする化粧品のほとんどに、有効成分が入っていないことを突き止めます。そんな折、ハチに刺された養蜂家から天然ローションを作ってほしいと頼まれ、その一つがとても良く効いたと連絡を受けます。それを聞きつけたロンドン在住の伯爵夫人が、キッチンで顔にやけどを負ったと、またもローションを依頼。跡が残ることを心配して使ったところ、痛みも跡も数日で引いたそうです。広がる評判と相談が後押しとなり、ピーターさんは化粧品を作り始めます。

料理以外にも化粧品や洗剤など、各家庭で伝授されてきたホームレメディ。前にスコットランドの農家で見たユーカリ石けんも、代々継承されたレシピに基づいて作られていました。現在、ピーターさんが作るローションやクリームのレシピを家族しか知らないというのも、ホームレメディを思わせるエピソードです。

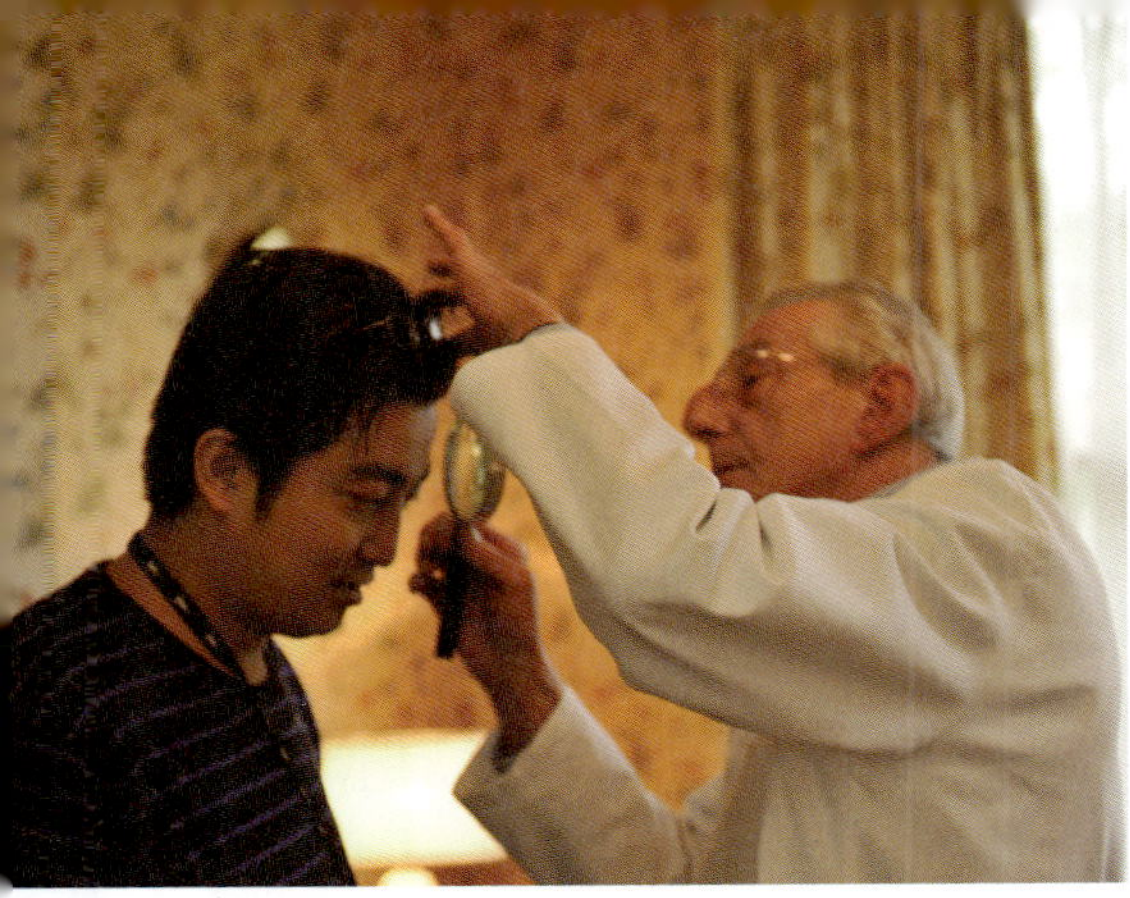

アトピー治療の専門家であるピーターさんが、一人ひとりの肌を診断し、それに合わせて受注生産で作るクリームやオイルはすべて無香料、無着色。ステロイドは一切使わず、天然の色と香りがそのまま閉じ込められ、少量でも伸びが良く肌に馴染みます。完璧なバランスで仕上げるため、完成までには６日間かかるそう。

## 探し当てたクリームをファンデに混ぜて使う楽しさ

ところで、撮影のとき、メイクさんがおっしゃった、「40過ぎたら何をおいても保湿ですよ。肌がモチモチしていれば、小じわがあっても目立たない」との言葉を思い出しました。ファンデーションを塗る際、ピーターさんが作ったローズクリームを混ぜると即席美肌ファンデが出来上がるのです。こうすれば、わざわざ高価なメイク用品を買わなくても、その日の気分でファンデーションの濃さも調整できて便利です。

後日、ピーターさんのご自宅に伺った私は、ローズクリームの製作現場、調合室にびっくりしました。そこにはヨーロッパ各地から取り寄せた様々な抽出液が並び、まるで薬草を相手に奮闘する中世の修道士を彷彿とさせました。高価な原料を惜しみなく使う考えは、科学やサプリより偉大な自然の力に重きを置く大学教授としての経験があるから。商用の「ジュリアス・ロス」は約１５０年前、ヨーロッパ各地の植物、医学、スパに精通したピーターさんの先祖の名前からとったそうです。

こんなネーミングからも、ブームに与せず先代の英知を受け継いでいこうとするイギリス人の姿勢がうかがえるのです。

スキンケアよりアトピーの治療が専門の彼の元には、今日もイタリア、パキスタン、南アフリカなど、子供から大人までがアトピーの治療を受けに訪れています。

**セラピーオイル**
17ポンド(2,550円)

**セラピークリーム**
15ポンド(2,250円)

ピーターさんは「肌においてマットレスのような役割を果たすコラーゲンとエラスティンは、歳と共になくなってしまう。ところが、花や植物の抽出液は、この二つを健康に働かせる作用があるのです」と、言います。たとえば、ブッチャーズブルームという植物は、エラスティンの消滅を遅らせる作用があるし、お菓子の語源にもなったアオイ科のマシュマロウは、保湿効果がバツグンとか。

*Julius Roth Foundation*
ジュリアス・ロス・ファンデーション

☎+44(0)1242 237 702
㊟Tintagel House, Western Road, Cheltenham Spa, Gloucestershire GL50 3RN
http://www.juliusroth.org/
E-mail：sincare@juliusroth.org
※TEL・メールは日本語可。

*Wild Swim*

# 四季折々の自然を泳ぎ尽くす

ウォーキングが大好きなイギリスの人々は、プールよりも身近な海、湖、池、川で泳ぐことで、自然を楽しみ、健康を維持できると考えます。毎日泳ぐ習慣があれば、四季の移ろいも水辺から眺められるというのです。

ハムステッドの高級住宅地に寄り添うように広がる美しい池。

1

12 知られざる美しい池は、コッツウォルズ・ベクフォード村にありました。

2

## ジムやジャグジーに無縁な私　全身運動は池や川で泳ぐこと

数年前のまだ肌寒い6月、ロンドン北部の公園、ハムステッドヒースにある「スイミング・ポンド」で、白鳥やカモと共に泳いだ体験は忘れられません。原生林が残る790エーカーの公園を歩いた後、32ある池の一つに飛び込みました。かつて万病に効くといわれたテムズ川の水源。この池で泳ぐと肌がツルツルになると、地元の人々にも評判なのです。薄緑色の池に抵抗はありましたが、いざ、泳いでみると、どこまでも広がる水面に木漏れ日が反射して、実に幻想的でした。

映画『アイリス』では、主人公の老夫婦がオックスフォード郊外の小川（Stream）で泳ぐシーンが出てきます。また、イギリスを旅していると、夏以外でも湖水浴や海水浴をした後、たき火を囲んで熱いコーヒーを飲む人々も見かけます。思い切って水中で体を動

3 ロンドン・ハムステッドの池。以前は無料でしたが、監視員が常駐する現在は使用料大人2ポンド(300円)。4 なわばりに侵入されたと、泳ぐ私に白鳥が威嚇する場面も。5 法廷前に泳ぎに来た弁護士の女性と。

かすことは、全身運動にもなる上、消毒液臭いプールでは味わえない開放感に溢れています。ここにきて「自然のプール」は見直され、湖のそばのダイビングボードや、日光浴できる芝生はシーズン中は大混雑です。病気で死ぬ人より、薬で死ぬ人のほうが多いといわれるイギリス。Wild Swimは、そんな社会へのアンチテーゼとも思えます。健康や若さを保つことにお金はいらないけれど、自然の豊かさ、水の恵みは忘れないでいたいと思うのです。

Fresh Ideas & Best Buys

日本で見つけた

# 整理に役立つアイテム

イギリスの村で見てきた整理や収納のアイデアは、
多目的家具を一つ取り入れたり、
古い家具にきれいな色を加えるだけのシンプルなもの。
リビングから庭まで変えたくなったときのために。

アンティークとの相性バツグン
ナチュラルで機能的な家具が揃うショップ

# キャンフィ

*Canffy*

カントリーサイドの家々を訪ねると、住む人が選び抜いたこだわりの家具が必ず鎮座しています。「キャンフィ」は天然木などの素材を活かしながらも機能的で使いやすい、日本ではなかなかお目にかかれない家具が手に入るウェブショップ。チェアーの背面にポケットの付いた珍しいデザインのダイニングセットは、散らかりやすいテーブル周りをさっと整理できそう。使いこむほどに味わいが深まりそうなチェストは、こまごまとしたものをスッキリと収納できます。職人が丁寧に作り上げたTVボードやソファなど、オリジナル製品も魅力的です。

最高級オーク材で仕上げたクラシカルなチェスト(158,000円)、写真(下)の木目の美しいオールドチークTVボード(68,000円)など、家族代々で長く使えそうな丈夫で美しいデザインの家具が揃います。

キャンフィ

☎06-7493-2219
FAX 06-7493-1706
住 大阪府大阪市東住吉区駒川3-12-15
営 10:00～18:00
http://www.canffy.com/

既製のエクステリアグッズは
日照りや雨に強いペンキを塗って英国アンティーク風に

# 高見商会

*Takami Shokai*

庭で過ごす時間を大切にするイギリス人は、限られたスペースにフラワーポットやガーデンチェアーを美しくレイアウトし、安らぎの空間を演出するのが得意。そんな庭づくりに憧れてエクステリアのDIYに挑戦しますが、ペンキのはげ落ちが心配。そんなとき、高見商会が運営するペンキの通販ショップ「ColorHarmony」を見つけ、カラーバリエーションの多さに感動しました。

中間色が豊富なので初心者でもアンティークな仕上がりのペイントができ、ナチュラルな味わいのイングリッシュガーデンが手軽に再現できます。

(株)高見商会
(カラモニーナンバ三木店)
☎&FAX 0794-73-9501
㊟兵庫県三木市末広3-19-23
㊢9:00～18:00
㊡火・水・不定休
http://www.rakuten.ne.jp/gold/color-harmony/

美しいニュアンスカラーが豊富に揃う、耐久性にも優れたガーデニング塗料。
ローズガーデンカラーズ（全40色）は各780円から。

ロンドンフラットの部屋づくりでも活躍
吉祥寺にある整理棚の豊富な家具屋さん

# 遠藤商店

*Endo Shoten*

新品もリサイクル品も豊富に取り揃える「遠藤商店」は、大正時代から続く、吉祥寺では名の知れた家具屋さん。若い人もシニア層も足繁く通うファンの多い人気店です。たくさん買ってくれる人には無料配達してくれるという、このお店ならではの嬉しいサービスも評判です。

老朽マンションをロンドンフラットにリフォームした後、私もこのお店で素敵な家具をいくつか購入しました。天然の栗の木で出来た円卓や竹製の棚など、リーズナブルなのに丈夫で美しく、とても気に入っています。サイズ豊富な隙間家具は小さな家のお片付けに最適です。

1

1竹で出来たキッチンラックは3,000円とお買い得。こまごましたキッチン用品がスッキリまとまりました。28,000円だった円卓は天然の栗の木素材で一生モノ。

**遠藤商店**

☎0422-22-5817
㊟東京都武蔵野市吉祥寺本町2-14-15
㊔10:00〜19:00
㊡不定休

2

# 楽しき農家の民宿
# ファームハウスに泊まろう

イギリスの村の暮らしをご紹介してきました。もし、短期間で村の衣・食・住を知ろうと思ったら、英国農家のB&B、ファームハウスをお奨めします。手頃な料金で農家の暮らしがのぞけます。

## 農家のB&Bで食べた産みたて卵の朝食

私が初めてファームハウスに泊まったのは、まだ、イギリス初心者だった20代の頃でした。ベビーカーに乗せた娘と二人でソールズベリー郊外にある村をウロウロするうち、陽が沈み始めました。その時、トラクターが入っていった古い農家の「B&B」という看板を見た私は、おっかなびっくりで玄関を叩きました。

中からあらわれたのは、長靴を履いた中年女性。部屋なら空いてますよと、歓迎された上、お腹を空かせた私たちに、ハムとチーズのサンドイッチを夕食にと作ってくれたのです。自家製というその肉厚なハムの美味しかったこと。無骨な作りのキッチンテーブルで牛乳たっぷりのミルクティーとブラウニーもい

ファームハウスで食べた夕食。自家生産のポークステーキ、甘いにんじんは思い出すたびもう一度食べたくなる。

イギリスではB&Bを経営する農家だけでなく、前に農業をやっていた宿泊施設もファームハウスと呼ばれ、客用ラウンジや食堂、庭があり、夏は避暑地となります。素朴なおもてなしと家庭料理でゲストを歓迎し、普段の生活を見せてくれるのです。

ただき、すっかり満腹に。

ファームハウスがいかなるものか、全く知らなかった私は、ニワトリを見に行くけど、娘を連れておいでと、ご主人に誘われ、敷地内にあるニワトリ小屋や、ブタが放し飼いにされている一角を見せてもらいました。

小さな娘は、ご主人と共にニワトリにエサをやり、翌朝、卵まで採りに行ったのです。産み立て卵で作ったスクランブルエッグの美味しさ。濃厚な黄身の味は、今でも忘れられません。

トラクターに乗ったり、牧場を見せてくれたりと、実際に農場体験を提供してくれることも楽しみです。

## 手間やお金をかけない
## それが整理や節約になると分かる場所

### 素朴で心地良い ありのままのカントリーライフ

以来、私はイギリスを訪れるたび、必ず一度はファームハウスに泊まります。町のB&Bで気疲れしたり、カントリーホテルの形式的サービスに物足りなさを感じるとき、ファームハウスの気取りのないもてなしや、素朴なインテリアにとても安らぐのです。イギリスでも農家の暮らしがのぞけるファームハウスは、夏のホリデーシーズン、予約が大変です。

また、収穫時期、農家に泊まったら、フルーツピッキングなど申し出るのも手です。繁忙期に、人手不足になる農家では、簡単な作業をやらせてくれる可能性も。それを見込んでバックパッカーた

摘んだ果物をその場で食べるフルーツピッキングは、子ども達にも人気です。

「Farm Stay UK」はスコットランドやウェールズ、アイルランドからイングランドまで、全英の宿情報を紹介する団体。約1,200軒のファームハウスが加盟しています。
Farm Stay UK：http://www.farmstay.co.uk/

ファームハウスの魅力や楽しみ方を紹介すると共に、実際にホームステイをしたい人が宿泊施設のタイプやエリアを検索できます。

ちが集まる農家もあるほどです。キッチンに招かれたら、料理を手伝いながら、素材を活かしたスープやロースト料理の美味しさに驚くはずです。

そもそも、農家のオーナーが農業以外の収益を見込んだファームハウスや農業体験などのアグリツーリズムは、１９９０年代ヨーロッパで発祥しました。都会の人々はハムやチーズがどうやって作り出されるのか、どこで作物が育つのかを知り、果物やハチの蜜を採ったり、搾りたてのミルクを飲み、忘れかけていた自然に沿って生きること、手仕事の楽しさなどを思い起こすのです。

ファームハウスに滞在すると身も心も軽くなるのは、暮らしの原点に立ち返れるから。この本の冒頭で紹介したピップさんなど、短期間でもホームステイできる農家は、実にたくさんのことを気付かせてくれます。

井形慶子ツアーでチャリティショップめぐりをする参加者の方々。

イギリスの田舎で楽しむ大人のホームステイなら

# コッツウォルズ・ウィンド・アカデミー

*Cotswolds Wind Academy*

## 英国のどこに行くかより何を見るかをアレンジする専門代理店

私の著作を読んで「パックツアーじゃなく、今度は生の暮らしを見てみたい」とおっしゃる読者の方々から、渡英に関するご相談をいただきます。思えば、20代から30代にかけては、貧乏旅行で通した私です。本書でご紹介したヨークシャーやスコットランドへ行くときは、夜行バスを乗り継ぎ、宿代を浮かせていました。そんなとき、ロンドンから一台のバスに乗って荷物の心配もなく、コッツウォルズやハイランドなど、交通の不便な場所を回れたらどんなに楽だろうと思ったものです。とくにヴィレッジマーケットや牧草地で開催されるカーブーツセールは、欲しかった椅子やチェストが見つかっても、ロンドンまでどうやって運べばいいか分からず、何度悔しい思いをしたことか。

「コッツウォルズ・ウィンド・アカデミー」は中高年の留学やホームステイに定評のある旅行代理店。趣味や目的に沿った旅行をアレンジしてくれます。私のツアーでみなさんと巡る場所は、電車で行けない遠隔地や個人では行きづらいところ。地元の人しか知らないマーケットを訪れるなど、著作の世界をぜひ、体験して下さい。

そんな思いを総ざらいして「井形慶子とともに行くイギリスの家々を巡る旅」がスタートして、早6年が経ちました。本書でご紹介したような普通のイギリスの家庭を訪ね、庭から収納までじっくり見せてもらい、キッチンでお菓子をいただき、ホームステイもできる。マーケットやカーテンファクトリーで、格安のお買い物もする。そのツアーを企画する吉元さん&コッツウォルズ・ウィンド・アカデミーには、私も渡英のたびにお世話になっています。同社は人気のコッツウォルズにも拠点があり、40代からの留学、ホームステイにも定評があります。私の著作にちなんだ普段着の英国を、一番理解している旅行会社です。

ホームメイドケーキをいただき、購入したアンティークは大型バスで運ぶ。私が求めていた英国生活をのぞくツアーです。

コッツウォルズ・ウィンド・アカデミー

☎03-5465-1410
FAX03-5465-1420
㊟東京都世田谷区代田6-10-2-201
http://www.cwa.co.jp/

エッセイ

# イギリスの村がなぜいいか

**前作『イギリス式 節約お片付け』は幸いにもたくさんの方々に読んでいただきました。「節約」と「片付け」という二つのキーワードが、長引く不況の中で、より切実な暮らしのテーマとなったのでしょう。今回はその続編を30年通い続けて慣れ親しんだ、イギリスの村の暮らしや住まいから書いてみようと思いました。**

## 名もない村に惹かれる理由

イギリスに惹かれる多くの方が、ロンドンよりもカントリーサイドが好きだ、とおっしゃいます。ロンドンに行くと頭が痛くなる、と生まれ故郷の土地を離れず、そのまま地元で仕事を探し、結婚するイギリス人も多いのです。彼らは自分たちが暮らす村を誇り、慣れ親しんだ人々と素朴な暮らしを日々楽しんでいます。

ヨークシャー北部は私の大好きなエリアの一つですが、小さな村に滞在するといつも皆が村の人々全員を知っていると感じます。ブッチャー・ショップ(肉屋)のご主人が村を歩くだけで誰もが声を掛け、彼は1時間以上かかってやっと店に戻ります。「All neighbour knowing neighbour's life」と言われるように、小さな村では

ハイランドの宿にて、ベルリンから来たカップルと。東欧の若者にとってイギリスの田舎に建つ美しい家は大きな憧れです。

教会や牧師、そしてローカルパブのご主人を中心にコミュニティースピリットが形成されているのです。

そもそも、ヴィレッジ（Village）という言葉は、フランス語のヴィラ（Villa）が語源といわれています。このヴィラは、現代のフランス語では街や都市を意味しますが、中世では農場を意味し、それが集まってヴィレッジとなったわけです。村の人々は、コテージに住むことと、ヴィレッジライフを送ることは全く別だと言います。今回改めて整理整頓という視点から村の生活を探っていくと、この意味がよく分かりました。

## 冬の汚れを一掃する春の大掃除

本書では、イギリスの村を象徴するハーベストサパーをご紹介しましたが、個人の生活にも村ならではの伝統的な生活習慣が今も残っています。「スプリングクリーニング」と呼ばれる春の大掃除もその一つ。かつて、イギリスの村では冬の低温、嵐を乗り切るため、冬の間は家を閉め切って石炭や油、薪で暖をとり、明かりといえばローソクに火を灯すだけでした。それだけに春の訪れは、すすけた住まいを爽やかにする絶好の機会でもあったのです。掃除機のなかった頃は、春が始まる直前の乾燥した日に、窓を開け放し、吹き抜ける強風によって家中の埃を吹き飛ばしたそうです。家族全員が家の外にせっせと家具を出し、布できれいに磨き、ホウキとクロスで室内の長椅子、戸棚、本、絵画の埃を掃い、家具の修理まで一気に済ませるのです。

今も春先にカントリーサイドをドライブしていると、ラグの埃をバンバンと外で掃い、家中のカーテンを洗う様子が見られます。自然に沿うように流れる暮らしは、年に2～3度ほど家

家具同様、カーテンを美しく保つことは、大切なポイントです。

カーブーツセールでは不要な便器や洗面台を売る人も。

農家の女性、アンナさんとの再会。ずっと変わらないでほしい温かな農家です。

目覚めると車窓一面にハイランドの銀世界、荒々しいグレン（谷間）が広がります。

ロンドン・ユーストン駅を深夜出発、インバネスに朝9時到着です。

## 名もない村、そこで出会う人々
## 大好きなハイランドへ向かう
## 寝台列車で考えたこと

具を移動する習慣にもあらわれていました。冬は暖炉の周りにカウチやアームチェアを並べ、クリスマスツリーを飾るスペースをつくり、太陽が高く昇る夏は、家具が日焼けしないように窓辺から離します。こんな習慣もまた、家の整理につながっていくのです。

### 小さな収納があちこちにある秘密

近年、ロンドンにあるような大型ショッピングモールがイギリス各地に乱立しています。複雑な構造の巨大なモール内には「ディクソン」「トップショップ」「クラークス」といった馴染みのチェーン店が並び、モールにいるとロンドンもリーズもインバネスも変わらないと感じます。

ところが、タウンホールなど、地元役所が管轄するヴィレッジマーケットに足を止めたら最後、時を忘れてしまうのです。並べられた手作りのジュエリーやコスメなどは、製

眠れない時はラウンジへ。

洗面台もある個室寝台。

朝、到着するまで営業しているラウンジを取り仕切るのは、インバネス出身の女性。キッチンとテーブルを行き来する忙しさの中、「勤務が終わったらクリスマスショッピングに行くの」と、ホリデーを心待ちにしていました。

講演後のサイン会。若い方からおばあちゃままで、イギリスを好きな読者の方々との語らいに、いつも力をいただいています。

「自分の時間と技術を少し提供するだけで、村にたくさんの人が集まるの」——コッツウォルズ、ウォットン・アンダー・エッジでティールームを運営する女性たち。

英国の暮らしを紹介する月刊情報誌『ミスター・パートナー』の編集長として22年。定期購読料は5,000円!
問い合わせ先
✆03-3352-8107

作者が販売するため、材料から用途まで説明も丁寧です。こんな会話が楽しくて、人々は地元のマーケットで買い物をするのです。

以前、スキプトンで出会ったラグを売る男性に、別の村で再会したことがありました。毛足の長いキッチンマットは、ウール100%で値段も手頃とあって、もう少し買っておけばよかったと、後悔していた私はすっかり嬉しくなりました。聞けば彼らは、イギリス各地のヴィレッジマーケットを転々としているそうです。村人から「次はいつ来るの？」とたびたび声をかけられるため、連絡先を書いた名刺やパンフレットも用意しています。良質な手作りの品が安く買えるだけでなく、毎週のように露店が入れ換わることも、ヴィレッジマーケットが飽きられない理由なのです。

村の魅力でもう一つ欠かせないのが、女性たちによるチャリティベースの活動です。コッツウォルズのウォットン・アンダー・エッジという村に、小さな観光案内所がありまし

## モノも時間も分かち合う
## そんな整理を始めると
## 心が満たされていきます

た。ボランティアの主婦が観光客に、「明日の日曜日は、週に一度のティールームを開くから、その準備で忙しいの」と言っているのを小耳にはさみ、会場を見せてもらうと、ティールームになるヴィレッジホールには、すでに焼き上がったケーキが運ばれていました。この売上げは、観光案内所の重要な財源となるため、彼女らは家事や子育ての合間にケーキを焼き、村のために時間を提供するなど大忙しです。ところが、本書で紹介した家を見ても分かるように、こんな女性たちの家はきちんと整理されているのです。

農家を訪ね歩くうち、その理由が初めて分かりました。村では玄関の鍵をかけずに生活している人も多く、ちょっとお茶を飲みながら立ち話するために、日常使いのマグや本は、取り出しやすい場所になくてはなりません。いろんな人が出入りする家で、「必要に応じて、出してはどんどん整理する」が生活のリズム。だからこそ毎日使うものは取り出しやすい場所に置き、決してしまい込まないのです。小さな家に暮らすと、すぐに散らかると嘆く人は多いのですが、それを防ぐためには、手の届くところにまんべんなく整理する場所をつくることです。

溢れるモノと格闘している方は、まず、家の中のモノを徹底して〝流通〟させましょう。服や本をしまい込まず、使えるものは使い、直せるものは手をかけて直す。そして「要らないから捨てる」の前に、欲しい人がいないか探すことも大切です。あるチャリティ・キャンペーンのスローガンで「あなたが捨てようとしているものを、どこかで必要としている人がいる」という言葉がありましたが、自分にとって必要のないものでも、意外と欲しがる人はいるものです。

また、家の中は、ひと目で分かる〝情報公開〟を心がけるとムダが省けます。キッチン、冷蔵庫、クローゼットと、探さなくても何がどこにあるか分かるようにしておくことが、時間とお金を節約し、モノを使い切ることにつながるのです。

イギリスを訪れて、はや30年が経ちました。気がつけば、私自身、人生の真ん中に立っています。執筆、雑誌の編集などの仕事と平行して渡英するうち、ますます、手間とお金をかけない暮らしがいいなと思うこの頃です。

自宅の増改築も含め、7回のリフォームを経験した私の目から見ても、イギリスの村に並ぶ農家は、考え抜いたレイアウトどころか、後付けで必要なものを足していった現在進行形の住まいです。そんないびつさが、仕事も家族の数も変わっていく私たちの暮らしを、すっぽり包み込んでくれるのだと思います。

# 本書で紹介したイギリスの主な町

*Reading to Know*

# 井形慶子
# イギリスに関する人気の著作一覧

質素な中に隠された、イギリス人の豊かな暮らしのヒント
そして整理術までを書き下ろしたロングセラーの作品をご紹介します。

## <整理・収納>

### お金とモノから解放されるイギリスの知恵
（新潮文庫）

倹約は楽しい！ そんなイギリス人の質素で豊かな暮らしぶりは、目先の流行や貯金額に脅かされる日本人にとって、驚きの価値観ばかり。お金では買えない真の豊かさを学ぶ。

### 井形慶子のイギリス式暮らしの知恵
～お金と手間をかけない生活～
（宝島社文庫）

ローコストで仕上げた英国コテージ風の自宅を始め、今日から始められる小さな工夫がいっぱい。シンプルビューティやハーブ活用法など、ムダなし生活術満載のフォトエッセイ。

### イギリス式収納
小さな空間で見せる！片づく！
（だいわ文庫）

片付けているのにゴチャゴチャに見える日本の家。解決の糸口は見せて飾る収納術にあった！ 日本より小さい英国の家はモノもインテリアの一部に。実例写真付きエッセイ。

### イギリス式節約お片付け
～365日チープシックアイデア～
（宝島社）

英国ミセスに学ぶ、お掃除お片付け術から冷蔵庫の整理術、洋服のリメイク術、オレンジの皮まで無駄にしない賢い利用法など、英国撮り下ろし写真満載のフォトエッセイ。

# Books

## <家づくり・住宅論>

### イギリスの家を1000万円台で建てた!
（新潮OH!文庫）

憧れのマイホームはハウスメーカーの安心も欲しいが、個性もはずせない。廃棄された古材の再利用や不揃いに貼るタイル。理想の戸建てを1000万円台で建てた井形流ドキュメンタリー。

### 古くて豊かなイギリスの家 便利で貧しい日本の家
（新潮文庫）

新しく機能的で、便利な日本の住まい。それなのに人々はなぜ古いイギリスの家に惹かれるのか。イギリス人に学ぶ成熟していく住まいづくりは、お金より手をかける！ 代表作。

### 少ないお金で夢がかなうイギリスの小さな家
（新潮文庫）

イギリスの家の平均延べ床面積はたったの15坪。それでも人々は幸せに暮らす。空間を広く見せるアイデアや低コストでできるインテリア術などホームリーな家づくりの参考に。

### 老朽マンションの奇跡
（新潮社）

吉祥寺に建つ築35年の老朽物件を500万円で購入し、200万円でリフォーム。見事ロンドンフラットに変身させ話題を呼んだ、超低コストリフォームのドキュメンタリー。

## <生活・節約>

### イギリス式 お金をかけず楽しく生きる
（講談社＋α文庫）

100円ショップや使い捨て家具、ファストファッション……。デフレ社会が生んだ無駄遣いスパイラルの悪しき習慣を一掃する、モノを「譲る」「売る」「交換する」の習慣。お金をかけない人付き合いを学ぶ。

### イギリス式 小さな部屋からはじまる「夢」と「節約」
（講談社＋α文庫）

家賃１万円の納屋から出発して夢を叶えた若き日の著者。シーツ１枚からできる驚きインテリア、狭い仕事部屋でも効率アップする合理的整理・収納法。生活習慣の無駄を省いて自分を見つける、幸せのヒントはこんなに身近に。

### イギリス式 年収200万円でゆたかに暮らす
（講談社）

節約するのはお金と手間！ 残りごはんの整理術レシピや衣替えいらずのクローゼット収納法、仕事も時間も手に入れるジョブシェアなど、減収時代を生き抜く英国人が実践する人生を楽しむ生活改善術の決定版。

### イギリス式 月収20万円の暮らし方
（講談社）

イギリス人の手取りはわずか20万円程度。それなのに、なぜ幸せそうに見えるのか。不要品リサイクル法から片手間でできる掃除術、デッドタイムも楽しみの時間に変える、英国人の幸福哲学を説くロングセラー。

**井形慶子**（いがた・けいこ）
長崎県生まれ。大学在学中から出版社でインテリア雑誌の編集に携わる。その後、世界90ヶ国に流通する外国人向け情報誌を創刊。28歳で出版社を立ち上げ、英国の暮らしをテーマにした情報誌『ミスター・パートナー』を発刊。同誌編集長。FMラジオ番組「ウエスト・エンド・トーク」パーソナリティ。90回を超える渡英経験を通じ書き下ろした著書は多数。ベストセラーになった『古くて豊かなイギリスの家　便利で貧しい日本の家』（新潮文庫）、『イギリス式　節約お片付け』（宝島社）、『老朽マンションの奇跡』（新潮社）、『イギリスの夫婦はなぜ手をつなぐのか』（新潮文庫）などがある。
社団法人　日本外国特派員協会会員／ザ・ナショナル・トラストブランド顧問
（財）住宅リフォーム・紛争処理支援センター住まいのリフォーム審査委員
http://www.mrpartner.co.jp

編集・撮影／井形慶子＋ミスター・パートナー
監修／リチャード・クレイドン
表紙・本文デザイン／柏倉栄治
イラスト／松本連

※電話番号、ホームページアドレスなど、お店の情報は2010年5月現在のものです。

# イギリス式農家の整理術

## カントリーサイドの節約12ヶ月

2010年6月2日　第1刷発行
著者／井形慶子
発行人／蓮見清一
発行所／株式会社 宝島社
〒102－8388 東京都千代田区一番町25番地
電話：営業 03-3234-4621
　　　編集 03-3239-0069
http://tkj.jp
郵便振替 00170-1-170829（株）宝島社
印刷製本／サンケイ総合印刷株式会社


ISBN 978-4-7966-7360-0